Sylt

Sylt

Ein Reiselesebuch
herausgegeben von Freddy Langer
Ellert & Richter Verlag

Inhalt

Freddy Langer

Der Singsang des Meeres
An der Insel vorbeilaufen

Von der Sonne war nichts zu sehen, als mich Brigitte auf dem Parkplatz am Lister Ellenbogen absetzte. Die zarten Wolkenstreifen am Himmel aber schimmerten wie deren Vorboten in zartem Rosa und kündigten unmissverständlich den neuen Tag an. Autos standen noch keine zwischen den Dünen. Nur ein Spaziergänger war zu dieser frühen Zeit mit seinem riesigen Hund unterwegs. Ein älterer Herr, stattliche Figur, in einen Mantel geschnürt, die Mütze tief ins Gesicht gezogen. „Morgen", brummelte er. Oder vielleicht auch „Moin". So genau war das nicht zu verstehen. Und viel mehr war auch nicht aus ihm herauszubekommen. Meinen Versuch, ihn in ein Gespräch zu verwickeln, beendete er kurzerhand, indem er mit den Fingern auf seine Ohrenschützer tippte. Er höre nichts, brummelte er. Er sagte es so undeutlich, dass es sich einzig aus seiner Geste erklärte.

Es war eisigkalt. Der Wind blies über den Sand und drückte das Dünengras flach auf den Boden. „Heute Abend wirds wärmer", murmelte der Mann, bevor er seinem Hund hinterherlief. Ohne Gruß und Abschied. Nur einmal drehte er sich noch um, grinste, nickte, dann ging er davon. Was er gemeint hatte, waren die Feuer, die man am Abend überall auf Sylt anzünden würde, das Biikebrennen. Die flachstehende Wintersonne hingegen würde an diesem Tag, dem 21. Februar, den Temperaturen kaum aus dem Minusbereich heraushelfen. Zwölf Stunden waren es noch, bis die Feuer angezündet würden, diese riesigen Haufen aus den Tannenbäumen des vergangenen Weihnachtsfests, aus Papiermüll und aus Bergen von Möbeln, die keiner mehr braucht. Und oben drauf ein Kreuz.

Zwölf Stunden – und fünfundvierzig Kilometer. Denn ich wollte zum Feuer nach Hörnum. Zu Fuß. Immer den Strand entlang, ein Spaziergang von der nördlichsten Spitze Deutschlands zur südlichsten Spitze von Sylt. Dass der Weg am Ende mitten ins Herz der Insel führen würde, davon hatte ich zu diesem Zeitpunkt noch keine Ahnung. Und dass ich mein erstes Gespräch an diesem Tag, wenn man den knappen Wortwechsel denn so nennen möchte, mit einem der bekanntesten Bewohner Sylts geführt hatte, würde ich auch erst am Abend erfahren. „Das war der Besitzer vom Ellenbogen", sagte man mir, kaum dass ich den Herrn mit dem Hund, dem Mantel, den Ohrenschützern und dem ausgeprägten Desinteresse an Kommunikation mit vier, fünf Vokabeln beschrieben hatte. „Dem gehört da oben alles."

Zwei Jahre später sitze ich vorm Bildschirm meines Computers und rufe die Webcams der Insel auf. Einunddreißig sollen es insgesamt sein, so heißt es auf der Homepage. Aber es sind nur neunundzwanzig zu sehen. Und gleich neben dem ersten Bildchen steht zu lesen: „Sorry, aber die ist zurzeit abgebaut und wird an neuer Stelle wieder installiert." Macht ja nichts, ich hatte mir sowieso List anschauen wollen und nicht Nielsens Kaffeegarten. „Schauen Sie direkt zu wie die Syltfähre im Lister Hafen beladen und entladen wird", regt ein Textchen neben dem Foto der An- und Ablegestelle an. Das Bild jedoch steht still. Kein Schiff ist zu sehen. Auch kein Mensch. Die weißen Kämme der kleinen Wellen sind wie eingefroren. Und der Himmel liegt grau und schwer auf dem Wasser. Manchmal hat Sylt durchaus das Zeug dazu, einen melancholisch zu stimmen. Im Kommentarfeld der Internetplattform wünscht Ralf nur das Beste: „Ich drück euch die Daumen, dass nicht so viel kaputt geht!"

Die Straße hinauf Richtung Leuchtturm List-West hatte an jenem frühen Morgen gegen Ende Februar ausgesehen wie die Straße in Roman Polanskis Verfilmung des Politthrillers „Der Ghostwriter". Es war das gleiche Licht, der gleiche Dämmer. Geisterhaft irgendwie. Die Geschichte spielt auf Martha's Vineyard, einer Insel vor der Küste Neuenglands. Doch weil der Justizflüchtling Polanski nicht nach Amerika reisen kann, ohne dort augenblicklich festgenommen zu werden, wählte er 2009 Sylt als Ersatzdrehort. Entlang der Straße hatte er damals Telegrafenmasten aufstellen lassen, so wie sie in Amerika entlang fast jeder Straße stehen, und eine farbige Fahrbahnmarkierung musste her. Die Stimmung hingegen war ohne jedes Zutun perfekt. Es ist neblig im Film. Und es regnet viel. Wetter also, wie es sich für eine Nordseeinsel geziemt. „Wenn du einen Tag frei hast", erzählte Ewan McGregor, neben Pierce Brosnan Hauptdarsteller des Films, während der Dreharbeiten, „packst du dich gut ein und schaust, wie lange du am Strand langlaufen kannst, bevor in deinem Gesicht jegliches Gefühl verloren geht."

An diesem Morgen, meinem Morgen, schob die Sonne die Wolkendecke fort, wie andernorts zu dieser Jahreszeit Schneeräumer den Schnee in den Straßenrand schieben. Als ich denselben Strand entlangging, den Ewan McGregor im Film und offensichtlich auch in der Freizeit entlangspazierte, und der im Sommer von Nacktbadern dicht bevölkert ist, manche von ihnen – zumindest früher soll es so gewesen sein – kaum weniger berühmt als die beiden Schauspieler aus dem Polanski-Film, stiegen am Saum des Meeres mit jeder ausplätschernden Welle Reste dünner Eisschollen auf und ab. Der Sand war hart gefroren wie Asphalt. Das machte das Gehen leicht. Mein Schatten legte sich meterlang über den Sand, deutete Richtung

Meer und wanderte über allerhand Treibgut, das die Flut am Strand abgelegt hatte: Sektflaschen, Bierflaschen, Schnapsflaschen – allesamt ohne Botschaft und Korken. Außerdem so viele Plastikkisten und Gummihandschuhe in leuchtendem Orange, immer wieder diese leuchtend-orangefarbenen Gummihandschuhe, dass man hätte meinen können, irgendwo vor der Küste sei ein Schiff mit Hochseefischereibedarf gekentert. Früher wäre der Landvogt gekommen, hätte überwacht, wie die Bevölkerung alles Brauchbare einsammelt und das Gut nach einem bestimmten Schlüssel verteilt. Heute kommt wohl die Müllabfuhr und klaubt alles auf.

Links von mir stieg der Ellenbogenberg wie ein Wellenkamm aus Sand in die Höhe. Starr. Festgehalten wie eine Momentaufnahme, dabei bewegen sich doch auf Sylt die Dünen. Wandern umher oder verschwinden im Meer. Das geht bisweilen so schnell, dass sich von einem stürmischen Tag zum nächsten die Landschaft verändert. Mancherorts ist den Menschen der Boden unter den Füßen weggebrochen. Erschütternde Fotos zeigen etwa das historische Hotel „Zum Kronprinzen", das nach heftigen Wettern im Winter 1963 plötzlich über den Klippenrand ragte und sich zum Meer hin lehnte, sodass es aussah, als wippte es im Wind. Zehn Kirchen liegen am Grund der Nordsee, einige Leuchttürme sind ebenfalls ins Meer gekippt; von der Stadt Rungholt gar nicht zu reden.

Um Sylt zu stabilisieren, nimmt weit voraus im Meer ein Schiff, ein sogenannter Hopperbagger, mit einer Art riesigem Staubsauger Sand auf, transportiert ihn Richtung Küste und pumpt ihn an Land, wo Planierraupen ihn gleichmäßig verteilen. Seit 1972 hat man mit solchen Vorspülungen immerhin vierzig Millionen Kubikmeter Sand aufgeschüttet, der natürlich nicht an Ort und Stelle liegen bleibt, sondern durch Wasser und Wind ständig umverteilt wird. Manche

Dünen sind so hoch geworden, dass etlichen Hausbesitzern der Meerblick buchstäblich zugeblasen wurde.

Irgendwo dort oben musste jetzt die Weststrandhalle sein, und ich dachte, wie schön es wäre, all die Prominenten, die auf Sylt geurlaubt und gefeiert haben, manche auch gearbeitet, als Geister hinter mir herlaufen zu lassen, eben nicht nur Ewan McGregor und Pierce Brosnan, sondern unterwegs auch Max Frisch und Alfred Andersch einzusammeln, Gunter Sachs und Brigitte Bardot, Rudolf Augstein und Fritz Teufel und von viel früher Marlene Dietrich und Willy Fritsch, Max Schmeling und Richard Tauber, Emil Nolde und Thomas Mann, der hier vom „Haus Kliffende" aus 1927 an seinen Bruder Heinrich geschrieben hat: „Die Reize dieser Insel sind keusch und karg." Bei jeder der berühmten Pensionen und jedem bekannten Hotel, bei jeder Bar und jedem Restaurant, die auf, in und hinter den Dünen liegen, wäre noch ein Geist hinzugekommen, und während in Gedanken die Menschentraube hinter mir immer größer wurde, tauchte weit voraus ein einzelner Mann auf. Ein Spaziergänger, der vermutlich genau wie ich erwartet hatte, völlig allein am Strand unterwegs zu sein, zu einer Zeit, da gewöhnliche Urlauber sich bestenfalls in Gedanken mit dem Frühstück beschäftigten.

Mit gesenktem Kopf lief er nahe dem Wasser auf und ab und schob mit dem Fuß den Seetang hin und her. In der Hand hielt er eine Plastiktüte. Viel konnte nicht drin sein, so wild wie sie flatterte. Der Wind trug das Knistern bis zu mir und schob sich über das monotone Säuseln des Meeres, das mich als Grundrauschen die ganze Zeit schon begleitet hatte und es auch für den Rest des Tages tun würde. Dieser Singsang des Meeres, manchmal einem Seufzen gleich, manchmal eher einem Gurgeln, aber stets verhalten, zurückhaltend an diesem Wintertag, da auch die Bewegungen der Wellen ein wenig eingefroren schienen und die Wogen sich fast zähflüssig bewegten, dass man ihnen die Dramatik einer aufgewühlten See und gewaltiger Brecher, die hier auch toben können, dieses Crescendo der Natur gar nicht zutrauen mag.

„Moin, moin", sagte ich, als hätte ich mein Lebtag kein anderes Wort benutzt, um jemanden zu begrüßen, ärgerte mich in dem Moment aber schon über die Verdoppelung, die mich natürlich sofort als Touristen verriet, weshalb ich mit kennerischer Miene augenblicklich die Frage hinterherschickte, dass dies doch wohl kein besonders guter Tag sein könne, um Bernstein zu suchen. Ich hatte mir das nur ausgedacht, aber prompt gab er mir recht. „Nein, nein", sagte er und korrigierte sich gleich darauf: „Ja, ja. Noch nichts gefunden. Aber die Hauptsache ist doch, man hat was zu tun." Dann zeigte er mir die Plastiktüte. Es waren ein paar Hölzchen drin, die er gesammelt hatte. Zweige, die von Wind, Wasser und Sand spiegelglatt poliert waren. „Kann man ja vielleicht auch mal gebrauchen", sagte er und zuckte mit den Schultern. So richtig überzeugt davon schien er selbst nicht zu sein.

Beim zweiten Strandläufer sagte ich nur noch kurz „Moin", und vom Kliffende an füllte sich der Strand zusehends, und keiner beachtete mehr irgendwen. Für die prominenten Geister in meinem Schlepptau wurde der Platz immer enger. Und lange schon vor Westerland, das sich in der Ferne wie eine Fata Morgana aus dem Morgenlicht schälte, fast sah die Stadt aus wie eine Festung, wirkte das Auf- und Abgehen der frühen Spaziergänger wie ein Defilee. Viele führten ihre Hunde aus: Windhunde und Dobermänner, Doggen, Beagle und Dalmatiner, was eben so in Mode ist. Und dazwischen ein paar ganz kleine Hunde, für die es vermutlich gar keinen Namen gibt, so klein, dass sie bisweilen hinter den Wellen aus Sand verschwanden, und die Menschen, meist waren es Frauen, nur eine Hundeleine auszuführen schienen.

Wer keinen Hund hatte, führte zumindest die neuen Stiefel aus und eine sehr große Sonnenbrille, manche sogar teure Handtaschen, weshalb ich mir mit meinem Tagesrucksack ein wenig fehl am Platz vorkam. Manche trugen dünne Daunenjacken oder schneeweiße Anoraks wie beim Skifahren. Es war ja auch eisig kalt. Und der Sand war auch noch immer gefroren, und dort wo Schichten aufbrachen und sich übereinanderschoben, sah es aus, wie auf Caspar David Friedrichs Gemälde der gestapelten Eisschollen – nur eben im Miniaturformat.

„Kennen wir uns nicht aus Lech?" Peng! Die Frage saß! Aber das fragte mich natürlich keine dieser vermeintlichen Skifahrerinnen. Das stand auf einem Plakat. Vermutlich hängt in dem Wintersportort in Vorarlberg das Gegenstück mit der Frage, ob man sich nicht aus Sylt kenne. Oder muss es heißen: von Sylt? Und was überhaupt bedeutet der Name? Man weiß es nicht. Als „Sild" taucht die Bezeichnung 1141 zum ersten Mal auf, in Klosterunterlagen. Danach finden sich die Schreibweisen Syld, Silt und Sild. Das ist das dänische Wort für Hering, weshalb manche glauben, der Inselname leite sich vom Heringfang ab, während andere auf die fischähnliche Form der Insel verweisen – ein Argument, das freilich schon allein daran scheitert, dass die Insel vor knapp tausend Jahren einen ganz anderen Umriss hatte, wenn sie nicht überhaupt noch mit dem Festland verbunden war.

Ein ausgedehnter Spaziergang entlang der Küste ist keineswegs eine Wanderung durch Sylt. Im Gegenteil. Man läuft vielmehr an der Insel vorbei. Hin und wieder ragen die Terrassen von Strandrestaurants über die Klippen. Dann und wann schiebt sich die Fassade eines Hauses über die Dünen. Doch recht eigentlich bleibt die Insel wie hinter einer Mauer aus Sand verborgen – oder einem Vorhang, wenn man es gern etwas theatralischer hätte. Links Sand, rechts Wasser.

Kampen und Wenningstedt, erst recht Keitum und Morsum, auf der gegenüberliegenden Seite der Insel gelegen, im Osten, am Wattenmeer: Das waren für mich an diesem Tag nur Namen auf der Wanderkarte. Und meine Bilder im Kopf – manche noch ganz frisch. Der letzte Besuch in Kampen etwa lag erst gut zwölf Stunden zurück. Am vorigen Abend waren wir durch den Ort gefahren, zur Abendbrotzeit. Eine Villa neben der anderen, allesamt verklinkert, allesamt mit Reet gedeckt, oder fast alle wenigstens, schönste Friesenhäuser eben oder zumindest akzeptabel kopiert im Stil, doch nirgendwo Licht, nicht hinter einem einzigen Fenster. Kein Wunder bei angeblich zwölfhundert Zweitwohnsitzen im Ort. Zwei, drei Wochen im Sommer sind den Besitzern dieser Immobilien ganz offensichtlich dramaturgischer Kontrapunkt genug zu dem, wie sie ihr Leben sonst verbringen. Andere Erinnerungen sind ein halbes Jahr alt, etwa der Besuch in Wenningstedt, einer eher zweckmäßigen als schnuckeligen Gemeinde, die als einzige, dafür jedoch großartige Attraktion den Mitmach-Zirkus Mignon nennen kann, der hier jeden Sommer gastiert, und nur mit sehr viel gutem Willen noch die „Hansibar". Unvergesslich hingegen Keitum, das schönste Dorf auf Sylt und eines der schönsten der ganzen Welt, bis in die fünfziger Jahre vom Fremdenverkehr übersehen und gerade noch rechtzeitig, zumindest im Ortskern, unter Schutz gestellt, mit den herrlichen alten Kapitäns- und Seefahrerhäusern. Kleine Gebäude, große Gärten, allesamt umgeben von den Friesenwällen, die ursprünglich aus Feldsteinen und Grassoden aufgeschichtet waren. Doch dafür reichen die Steine der Insel nicht mehr aus. Jetzt nimmt man glatt geschliffene Brocken aus dem Meer und pflanzt Rosenhecken obendrauf, Rosa rugosa, kein zartes Gewächs, sondern so strapazierfähig, dass sie auch Kartoffelrosen genannt werden. „Das grüne Vergessen" hat Max Frisch den Ort genannt. Das allerdings trifft es leider nicht mehr. Denn längst hat, was chic ist, auch Keitum erreicht. Edle Boutiquen, teure Läden und eine Bauruine zeugen davon. Doch wer sich ins Heimatmuseum verkriecht, glaubt sich wie mit einer Zeitmaschine ins achtzehnte und neunzehnte Jahrhundert zurückkatapultiert.

Es war Mittag, als ich Westerland erreichte. Ein Fischbrötchen wäre jetzt recht gewesen. Auch auf die Gefahr hin, dass sich die Möwen darauf stürzen, was sie selbst dann gern machen, wenn man gerade hineinbeißt. Oder meinethalben auch ein Krabbenbrötchen, obwohl Kenner der Sylter Schnellküche davon abraten. Aber ich hatte keine Kurkarte, und man hätte mich nicht zurück an den Strand gelassen. Oder nur gegen Eintritt. So berauschend ist die Fußgängerzone im Übrigen auch nicht; allenfalls unter dem städtebaulichen Gesichtspunkt, dass sie einen Eindruck davon vermittelt, wie deutsche Fußgängerzonen früher einmal ausgesehen haben.

Im Rucksack hatte ich noch eine Tüte Gummibärchen. Die sollte reichen bis zu einem der Dünenlokale ein Stück weiter gen Süden. Die Sonne schien mir nun ins Gesicht und mein Schatten ging hinter mir her, so wie ich es mir von den toten Prominenten gewünscht hatte. Am Strand herrschte ein Betrieb wie sonst im Sommer auf der Whiskymeile von Kampen. Nur ohne Autos.

Das seien alles Einheimische, sagte mir jemand, oder besser: ehemalige Einheimische. Die seien auf Inselbesuch. Wegen des Biikebrennens. Da kämen die von überall her. Jetzt war ich wirklich gespannt, was mich am Abend erwarten würde. Und als ich auf Höhe der Sansibar einen Stapel von Büchern, Globen und Werkzeugen in einem alten Ruderboot sah, glaubte ich natürlich, das all dies am Abend angezündet würde. Doch es war Staffage für Modeaufnahmen, die ein junger Mann hier den Tag über gemacht hatte. Er war noch damit beschäftigt, seine Kameraausrüstung zusammenzuräumen und nicht sonderlich gesprächig, weshalb ich über das Shooting nichts erfuhr. Unübersehbar ging es um Schiffbrüchige, die sich an einen Strand gerettet hatten. Und vielleicht hatte er auch die Piratenflagge im Hintergrund in seine Aufnahmen gerückt. Dass er Sommermode fotografiert hatte, konnte ich mir bei den herrschenden Temperaturen nicht vorstellen. Die Models waren auch schon weg. Die Spuren ihrer Trippelschritte in sehr schmalen Schuhen zogen sich in gerader Linie zur Treppe hin, die auf die Düne hinauf und weiter zur Sansibar führt. Ich folgte ihnen. Und dort oben saßen sie tatsächlich, in Fleecedecken gehüllt, auf der Terrasse.

Sie waren die schönsten zwischen den vielen anderen sehr schönen Gästen. „Keine Fotos", sagte der Fotograf, der mittlerweile auch oben angekommen war, als er meine kleine Kamera sah. Als ob er das zu bestimmen hätte. „Meine Bilder werden ihnen demnächst in einem großen Magazin auffallen", sagte er noch. Aber nicht in welchem. Ich habe sie bis heute nicht gesehen. Ich fragte die Bedienung nach der Weinkarte, gab aber nach knapp der Hälfte des katalogdicken Buchs die Lektüre auf und bestellte ein Bier.

Es ist nicht ganz klar, welcher Gastronom mehr zum Ruhm Sylts beigetragen hat: Jürgen Gosch mit seinem Dutzend Restaurants und Fischbuden oder Herbert Seckler, der Wirt der Sansibar, und wer von ihnen der eigentliche König der Insel ist. Auf Sylt erzählt man sich deshalb die Geschichte, dass sich die beiden an einem ruhigen Wintertag in der Fußgängerzone von Westerland begegnet seien. Getreu dem Sylter Motto: „Lieber im Geld schwimmen als gar kein Sport", erzählt der eine lapidar, dass er mittlerweile einen Kontostand erreicht habe, mit dem er die ganze Insel kaufen könne. Woraufhin der andere trocken antwortet: „Verkauf ich aber nicht."

Nun zeigte mein Schatten auf die Dünen. In Rantum hatten ein paar Kinder akrobatische Nummern geübt. Und rund um die Sansibar waren einige Spaziergänger auf und ab geschlendert. Sie hatten Weingläser in der Hand. Weit wollten sie offensichtlich nicht gehen. Sie waren die letzten Menschen, die ich für den Rest des Nachmittags sah. Von nun an war ich allein unterwegs. Schnurgerade Richtung Süden. Es gab nicht einmal mehr Treibgut am Strand. Dafür stand oben auf einer Düne eine Hütte, zusammengezimmert aus angeschwemmtem Holz. Sie sah aus wie eine Opferstätte, düster, samt Altar, und behängt mit allerhand Fundstücken aus dem Meer, wie Totems oder Reliquien. Sandburgen sind auf Sylt verboten, um die Fließgeschwindigkeit des Sands durch Wind und Wasser nicht zu beschleunigen. Kultstätten sollten ebenfalls verboten werden, dachte ich, selbst wenn sie dazu bestimmt sein sollten, die Sandgötter gnädig zu stimmen. Aber vielleicht würde diese Konstruktion ja auch am Abend in Flammen aufgehen.

Es war immer noch ein gutes Stück bis Hörnum, und es verging wohl eine Stunde, bis sich endlich die ersten Hausdächer über die Düne reckten. Auch der Leuchtturm war irgendwann zu sehen, rot gestrichen mit einem weißen Band. Oben am Geländer ist eine Webcam installiert, und ich habe mir den Ort noch einmal angeschaut, auf dem Bildschirm meines Computers, zur selben Abendstunde etwa wie damals, nur zwei Jahre später.

Das Licht der untergehenden Sonne überforderte ganz offensichtlich die Rechnerleistung. Die Häuser des Städtchens, die aussehen wie die Spielfiguren auf einem Monopolybrett, nur dass sie weiß sind, lösten sich vor einem violetten Himmel in Schlieren auf, und das Meer erschien als zähflüssige Masse, über die sich metallisch schimmernde Flecken ausbreiten. Es sah bezaubernd aus. Wie die Nachtbilder des Malers Camille Pissarro. Wunderschön. Und so ähnlich war es damals auch in der Wirklichkeit gewesen. Die Sonne hatte sich dem Horizont genähert, berührte schon fast das Meer und blies sich auf wie ein riesiger Luftballon. Die Dünenkämme hatten im Abendlicht ausgesehen wie mit Honig überzogen.

Ich kam von unten, von der Odde, dem Südzipfel Sylts, zurück nach Hörnum. Man geht einen kleinen Bogen, der früher einmal ein großer Zipfel gewesen war, eine Sandbank, die weit ins Meer hineinreichte. Aber stetig tragen die Fluten den Sand davon. „Hörnum schrumpft, Amrum wächst", sagt man hier. Daran ändern auch die riesigen Betonteile nur wenig, die man vor Jahrzehnten schon in den Küstensaum gekippt hat. Nirgendwo auf Sylt stellt sich die Frage dringlicher als hier, wie lange es die Insel noch geben wird.

Brigitte wartete schon am Strand unter dem Leuchtturm. Ich stieg in den Wagen und wir fuhren los. Zur Biike. Den Weg wies uns das Licht. Ein orangefarbener Schein am Himmel, wie ein leuchtender Fetzen, der vom Sonnenuntergang zurückgeblieben war.

Theodor Mügge
Legt Seebäder an

Der (dänische) Kronprinz empfing (Uwe Jens) Lornsen in seinem Hause mit lächelnder Huld. Der schöne, stattliche Prinz, ohne allen Stolz seines hohen Ranges, führte ihn selbst seiner Gemahlin zu, welche mit wenigen Damen und Herren ihres Hofes den kleinen Kreis bildete, in welchen sich Lornsen versetzt sah. Die lebhaften und ungezwungenen Fragen, welche an ihn gerichtet wurden, die zuvorkommende Güte, welche ihn aufnahm und bemüht war, alle Steifheit der Formen möglichst abzuglätten, verbunden mit einer gewissen bürgerlichen Zutraulichkeit ließen Lornsen vergessen, dass er an einem Hofe sei, wo Geburt und Titel bis dahin alles galten und wo der König infolge des Königsgesetzes, der unumschränkteste Herr seiner Untertanen war.

Die Unterhaltung wurde in deutscher Sprache geführt; Lornsen musste erzählen und über Halligen, Marschen und Inseln der Friesen ausführlich berichten. Was er sagte, war den Zuhörern neu und interessant, der Prinz und die Prinzessin hörten mit Teilnahme zu, wohl oder übel musste ihre Umgebung dem Beispiel folgen. Der junge Mann mit dem einnehmenden Gesicht, den leuchtenden, blauen Augen und seiner bescheidenen, aber festen Sicherheit konnte ihren geheimen Neid erregen. Das Wohlwollen des Kronprinzen und seiner Gemahlin war unverkennbar.

„Die Friesen müssen intelligent sein", rief der Prinz endlich, „sie müssen aus ihrer Abgeschiedenheit heraustreten und bekannter werden. In Helgoland machen sie jetzt ein Seebad, das müsst Ihr ihnen nachtun. Auf Euren Inseln und Halligen gibt es noch wunderbare Dinge zu schauen; legt Seebäder an und Eure Möwen und Seeschwalben werden goldene Flügel bekommen."

„Ich habe Ähnliches schon ausgesprochen", erwiderte Lornsen erfreut, „aber es fehlt in den Herzogtümern an Kommunikationsmitteln. Man tut zu wenig für uns, Königl. Hoheit, wir sind die Stiefkinder des Staates, wie man überall hören kann. Wenn Seebäder glücken sollten, müsste man uns unterstützen, und statt in die Welt zu reisen, müsste es hohen Herren gefallen, jährlich ein paar Wochen in Föhr oder Sylt zu leben, um mit dem Glanz ihrer Namen uns Gäste hinzuzuziehen."

(1851)

Gondel Wielandt

Am Badestrand von Westerland

Im Jahre 1855, als die ersten Kurgäste nach Sylt kamen, fanden sie zunächst ein recht primitives Unterkommen. Von der Insel Föhr – Wyk war seit 1819 schon Badeort – kamen oft auf Tagesfahrten mit Segelbooten Kurgäste nach Sylt, um auch diese Insel kennenzulernen. Unter ihnen war ein Arzt aus Altona, ein Dr. Gustav Ross, der sehr begeistert war von dieser Insel. Er kehrte häufig wieder und erkannte bald die Möglichkeiten, die sich hier als Heilbad boten. Dr. Ross konferierte mit dem Bruder des Strandinspektors, Wulf Manne Decker, und einigen Kapitänen in Westerland und gewann manche für seinen Plan, Westerland zum Badeort zu machen. Die Weitblickenden erkannten, dass es für die Einwohner Westerlands eine neue, gefahrlose Erwerbsquelle wäre. Andere befürchteten eine Gefährdung der Sittlichkeit auf der Insel durch die Fremden und waren dagegen.

Aber im Jahre 1856 kamen noch mehr Fremde nach Sylt, und ihre Zahl stieg wieder im Jahr 1857. Da wurde durch Dr. Ross und Wulf Manne Decker eine Aktiengesellschaft gegründet, jede Aktie im Werte von 100 Reichstalern. Zunächst waren es 36 Aktionäre. Man beschloss, für die Fremden ein Restaurant zu bauen im Osten von Westerland, zwischen den Hedigen. Am 29. September wurde der Grundstein der „Dünenhalle" gelegt; Dr. Ross hielt dabei eine eindrucksvolle, begeisternde Rede, die folgenden Schluss hatte:

„Vielerorts sind Seebäder begründet worden, aber nicht das schlechteste wird dasjenige sein, wozu wir heute den Grundstein legen, vielleicht das kräftigste von allen! Ein großartiges Meer, ein Strand, meilenweit ausgebreitet wie der köstlichste Sammetteppich, die fantastische Dünenwelt, die hehre Schönheit der ganzen Insel, endlich die Tugenden seiner Bewohner, das ist eine so seltene Vereinigung von Vorzügen, dass sicherlich binnen wenigen Jahren Sylt zu den gesuchtesten Nordseebädern gehören wird. Tausende werden eure gastliche Insel besuchen und mit neuer Kraft, freudigen Mutes und dankerfüllten Herzens wieder von dannen ziehen! Aber für die Bewohner wird, was wir heute beginnen, nicht ohne tiefe Bedeutung bleiben. Schlagt die Blätter eurer Geschichte auf: Ihr werdet finden, dass zu keiner Zeit eure Scholle allein euch ernähren konnte. Früher bereicherte euch der Walfischfang, jetzt der Schiffsdienst. Wer aber vermag in die Zukunft zu schauen, ob nicht, wie das eine aufhörte, im Laufe der Zeiten auch einmal das andere geschmälert werden kann. Deshalb erkennt es dankbar an, dass die gütige Natur eure Insel mit so herrlichen Eigenschaften zu einem Seebad ausstattete und das offene Auge einiger unter euch diesen Fingerzeig der Natur benutzte. Im Verkehr mit den Badegästen, die jeder Sommer euch von nah und fern zuführen wird, wird euer Gesichtskreis sich erweitern, werden neue Aussichten, neue Hilfsquellen sich eröffnen. Der gesunde Sinn aber, der euch auszeichnet und der euch durch alle Meere und Länder glücklich hindurchführt, dieser gesunde Sinn wird euch leiten, von dem dargebotenen Neuen bloß das Gute zu behalten."

Die Vorstandsmitglieder der Aktiengemeinschaft, Chr. Geiken, Ulrich Christian Lassen, I. N. Brodersen und E. Nickelsen, hatten nach dem ersten abschlägigen Bescheid ihres Gesuches um eine Konzession für das Bad sich noch zu verschiedenen Malen bittend an das Ministerium in Kopenhagen gewandt, immer mit dem gleichen negativen Resultat. Der einzige, sehr fragliche Erfolg dieser Eingaben war, dass man den stockdänischen Landschaftsarzt Dr. Levin als Badearzt bestätigte.

Doch die Westerländer waren zäh und sagten: Nun erst recht! Es meldeten sich weitere Aktionäre. Auch Merret (Jens Lassen) hatte ihr Barvermögen in diesen Aktien angelegt.

Im Jahre 1858 hat sich Merret außerdem ihr erstes Haus gekauft in der heutigen Maybachstraße. Sie wollte sich ein Fremdenheim einrichten.

Im Nachbarhaus wohnte die Witwe des Kapitäns Peter Eschels, hier hatte sich für diesen Sommer Dr. Ross mit seiner Frau, drei Kindern, zwei Dienstmädchen und einem Hausknecht eingemietet. Außerdem wohnten noch einige seiner Patienten mit ihm im Haus. Die Bedienung hatte er mitgenommen, weil bis jetzt nur wenige Häuser in Westerland auf Fremde eingestellt waren. Was Mätjen (Merret) unternahm, machte sie gründlich. Darum ging sie zu Dr. Ross, um von ihm Hinweise zu erhalten, wie man ein Fremdenheim richtig führt und einrichtet – denn sie hatte hier ja kein Vorbild. Dr. Ross war gern bereit, ihr mit Rat und Tat zur Seite zu stehen. Er fand Gefallen an der aufgeschlossenen und energischen Merret. Es entstand hier eine wirkliche Freundschaft, die leider nicht von langer Dauer war, da Dr. Ross bald schwer erkrankte. Aber noch im hohen Alter sprach Merret Lassen mit Begeisterung und tiefer Verehrung von ihm.

Im nächsten Jahr schickte er seine Frau und vier Kinder zu Mätjen in Pension, er selber war verhindert zu kommen. In diesem Jahr kam keine Bedienung mit. Verschiedenen Patienten empfahl er Merrets Fremdenpension. Als ersten Gast bekam sie ein junges gehbehindertes Mädchen mit ihrer Pflegerin. Dr. Ross hatte dem Mädchen täglich ein kurzes Bad in der Nordsee verordnet – es wurde ein großartiger Kurerfolg. Bald konnte das Mädchen seine Krücken in die Ecke stellen, und beim Abschiedsfest in der Dünenhalle tanzte es sogar.

Ein anderer Kurgast von Merret war eine Gräfin S., eine etwas leichtlebige Dame. Ihr schon ergrauter Gatte hatte sie auf Anraten von Dr. Ross in das heilkräftige Westerländer Bad geschickt, weil in der schon mehrjährigen Ehe noch kein Erbe erschienen war. Der Erfolg war durchschlagend. In einem Spottgedicht darüber heißt es:

Von ihrem Gatten war sie zur Kur geschickt,
Weil der noch keinen Erben erblickt,
Nach bereits sieben ehelichen Jahren.
Um die teure vor Lang'weil zu bewahren,
Tät die Zofe sie begleiten
Mit dem Hündchen „Phyllis" an der Seiten.
Hurtig badete sie vier Wochen lang
Am Badestrand von Westerland.
Und als sie schieden dann zur Stund;
Waren schwanger Gräfin, Zofe und der Hund.

Das Jahr 1860 brachte für das Bad nicht den erwarteten Gästezustrom, obwohl man an der Ecke der heutigen Maybachstraße das neue Strandhotel eröffnet hatte. Das Hotel „Germania", von Thomas Lassen erbaut, war auch fertig eingerichtet. Trotzdem kamen fünfzig neue Aktionäre hinzu. Schuld an dem geringen Fremdenbesuch waren die politischen Spannungen zwischen Deutschland und Dänemark. Die dänischen Behörden machten dem aufblühenden Bad viele Schwierigkeiten. Die schlechten Verkehrsmöglichkeiten zur Insel wirkten sich auch nachteilig aus. Das Dampfschiff „Hammer" fuhr von Husum nach Sylt und landete seine Passagiere auf der unbewohnten Ostspitze der Insel, auf Nösse. Bei etwas stürmischem Wetter war diese Landung mit besonderen Schwierigkeiten verbunden, denn wegen Untiefen musste das

Dampfschiff weit draußen vor der Insel ankern. Die Gäste mussten in ein kleines Boot steigen und wurden ein Stück gerudert, bis das Wasser auch für das Boot zu flach wurde. Dann kamen kräftige Insulaner und trugen auf ihren Armen oder Huckepack Männlein und Weiblein ans Ufer. In der Saison 1860 kamen 470 Fremde nach Sylt.

Ganz Westerland trauerte, als im Mai 1861 die Nachricht vom Tode von Dr. Ross, dem eigentlichen Begründer des Bades, die Insel erreichte.

Ein kleiner Ärztestreit war hier entstanden. Die Mehrzahl der deutschen Badegäste lehnte den dänischen Badearzt Dr. Levin ab, darum wurde es dem deutschen Arzt in Keitum, Dr. Jenner, gestattet, auch in Westerland Sprechstunde abzuhalten. Man könnte fast glauben, dass dessen Badevorschriften der heutigen Zeit entstammen, darin hieß es:

„Unter allen Umständen bade man ohne Kleider. Ausgenommen sei hier allein eine Wachstuchkappe für das Haar der Damen. Denn nicht nur hindern die Kleider die Wirkung des Wellenschlages, sondern sie vereiteln gar leicht den Erfolg des Bades dadurch, dass sie den durch den Wellenschlag erwärmten Körper durch das Anschlagen beim Hinausgehen aus dem Wasser wieder durchkälten."

Dem Dr. Levin passte diese Konkurrenz durchaus nicht, er versuchte, seinen Kollegen mit allen Mitteln zu vertreiben. Als dann der Krieg begann und der schlechte Ausgang desselben vorauszusehen war, zog Dr. Levin es vor, selber das Feld zu räumen.

Im Jahre 1860 hatte die Aktiengesellschaft 35 Badekarren angeschafft. Die Damen badeten im Süden Westerlands, die Herren weit entfernt davon im Norden. Badewärter und -wärterinnen waren angestellt worden. Oben am Strande waren kräftige Leinen fest verankert und reichten fast bis in die Brandung. Es war Vorschrift, dass jeder Badende sich daran festhielt.

Ein Seebad kostete damals 32 Pfennig. Ein Mittagessen kostete für den Abonnenten 58 Pfennig, für den Nichtabonnenten 72 Pfennig, sowohl in der Dünenhalle wie im Strandhotel.

(1855)

A.L. Kennedy
Nackt auf der Insel

Das Wasser ist kalt. So kalt, dass das Denken aussetzt und man den Glauben verliert. Verschiedene Teile meines Leibes entwickeln existentielle Ängste von einer Intensität, die ich nicht für möglich gehalten hätte. Ein weiterer eisiger Brecher rollt heran und reißt mich in die salzige Tiefe, und meine Haut wird langsam lila. Das Ganze fühlt sich an, als würde ich von einem sehr großen, sehr nassen Bären angegriffen, dem unbegrenzte Mengen Sandpapier zur Verfügung stehen. Oder anders gesagt: An einem kühlen und windigen Tag vor Sylt zu baden kann recht erfrischend sein.

Und doch ist es auf gewisse Weise auch geradezu angenehm – was eine Erklärung verlangt. Also los. Sylt besteht aus mehr als dreißig Kilometern Strand, die lose an einigen lang gestreckten Dörfern befestigt sind, ein wenig Naturschutzgebiet, einem Städtchen, einem Aquarium, einer Mineralwasserfabrik, mehreren sehr erfreulichen Restaurants und einer Zugverbindung zum Festland von Schleswig-Holstein.

Wenn auch das Wetter bisweilen furchtbar sein kann, so ist es doch meist wechselhaft – ein Tag stürmischen Regens wird von drei strahlenden Sonnentagen abgelöst –, und seit mehr als einem Jahrhundert machen geschmackvolle und wohlhabende Deutsche gern einen Abstecher nach Sylt, genießen die heilende Kraft des Wassers, schnuppern an den Rosenbüschen in den endlosen Dünen und mieten sich hübsche friesische Bauernhäuschen, um sich wochenlang unter spitzgiebligen Reetdächern zu erholen.

Die Insel ist ein Feriengebiet für eine kleine Anzahl Camper und Rucksacktouristen und eine große Anzahl absurd reicher BMW-fahrender Sonnenanbeter, hartgesottene Lebemänner und -frauen. Die Menschen kommen nach Sylt, um herumzulümmeln: Sie trinken, sie knabbern Tapas, sie amüsieren sich. Ich hingegen lümmele nicht herum, trinke nie, Tapas sind mir zu aufregend, und gegen Amüsement habe ich eine leichte Allergie. Ich bin Calvinistin.

Zwar wurde ich, im Nordosten Schottlands aufgewachsen, nie offiziell mit den ungeheuer schwachsinnigen Lehrsätzen Calvins vertraut gemacht, doch ich inhalierte ihren Inhalt, ihr Wesen mit jedem Atemzug und trat deshalb mit der unumstößlichen Überzeugung ins Teenageralter ein, dass mein Körper hässlich und Genuss falsch war und dass Gott hinter jeder Wolke lauerte wie ein Amok laufender Vietnam-Veteran mit unerschöpflichem Munitionsvorrat, und auf jeder Patrone stand mein Name.

Wir Calvinisten benehmen uns ein Leben lang wie nervöse Schulkinder, korrigieren ständig unsere unsauberen Hausaufgaben für den Direktor, der unweigerlich alles als falsch anstreicht, grübeln über Sünden und Fehltritte nach, die uns wie eine Art moralischer Körpergeruch umwehen. Wir können uns einfach nicht helfen, und auch sonst kann es keiner – schon der Versuch wäre wieder eine Sünde. Die ganzen Regeln, Vorschriften und Gebote, von denen wir umgeben sind, unsere Konzentration auf die finsteren Machenschaften einer leiblichen Hülle voller kitzliger Stellen und erogener Zonen führt zu einem gewissen Maß an Übellaunigkeit bis hin zur Psychose.

Daher rührt auch die starke Verbindung zwischen der schottischen Version des Protestantismus und den drei nicht minder reaktionären Zierden der amerikanischen Gesellschaft: Hillbillys, Rednecks und dem Ku-Klux-Klan. Andererseits sind wir von so vielen starren Richtlinien und schicksalhaften Grenzen umhüllt, die nie übertreten werden dürfen, dass wir sie fast unweigerlich übertreten müssen, und wenn wir das einmal getan haben, werden wir augenblicklich zu willfährigen Sklaven der Sinnlichkeit. Ich wusste also, Sylt würde riskant werden, noch bevor ich überhaupt einen Gedanken an die Nackten verschwendet hatte.

Es gibt tatsächlich außerordentlich viele Nackte auf Sylt. Und einige von ihnen sind außerordentlich reich, das macht sie besonders. Zum ersten Mal traf ich die reichen Nackten vergangenes Jahr nach einem kleinen Lunch, als ich mit meinem deutschen Übersetzer und dessen Frau den Strand entlangschlenderte. Es gibt zwar ausschließlich den Nackten vorbehaltene Abschnitte im Sand von Sylt, doch die Bedeckten und die Unbedeckten mischen sich auch sonst überall fröhlich miteinander. Wir drei waren nun also in ein exklusives Gebiet gestolpert, wo die Bademode der nächsten Saison, unerschwingliche Sonnenbrillen und, besonders verstörend, Designerhaut zur Schau getragen wurden.

Hier lagen Nackte, die, wie wir sehen konnten, ohne mit der Wimper zu zucken, das Bruttosozialprodukt von Ecuador für Botox mit Trüffelduft ausgeben würden – wenn sie überhaupt noch mit einer Wimper zucken konnten. Sie waren nicht nur nackt, sie waren enthüllt. Ehefrauen räkelten sich kunstvoll und stellten ihren Schambewuchs zur Schau. Ehemänner standen besitzerstolz daneben: die Hüfte mit einer Entschlossenheit nach vorn gereckt, als erwarteten sie jeden Moment, ein Silbertablett unter ihre prachtvollen Genitalien gestellt zu bekommen. Gebräunte Schenkel zeigten die Farbe eingeölten Teaks, Ellbogen knarrten leise wie feinstes Ziegenleder, und jeder einzelne reiche, nackte Körper war von einer Aura der

Selbstgewissheit und Zufriedenheit umgeben, die sämtliche Füllungen meiner Backenzähne vibrieren ließ.

Natürlich ebbte unsere anfängliche Befangenheit mit der Zeit ab, und wir fanden eine stille Ecke, in der wir uns niederlassen und unseren wohlhabenden Nachbarn eine Art dreidimensionale Mahnung der körperlichen Unvollkommenheit abgeben konnten. Das Meer blinkte einladend, und es war ein heißer Tag, und meine Begleiter hatten Badekleidung dabei und ich nicht – es war also im Grunde unvermeidlich, dass ich schließlich in völliger Kleiderlosigkeit den Weg ins Wasser antrat.

Wie viele von Ihnen wahrscheinlich wissen, kann man den Hauch einer sanften Brise auf der Haut, die freundliche Wärme des Sonnenlichts an ungewohnten Stellen, die ungehinderte Umhüllung der Glieder durch kühles Wasser, kann man all diese Vorzüge der Nacktheit nur als angenehm, wenn nicht gar als genussvoll bezeichnen. Und wenn man wegen mangelnden Selbstbewusstseins jahrzehntelang der Ansicht war, im Badeanzug sowohl lachhaft als auch furchterregend auszusehen, kann es eine echte Erleichterung bedeuten, plötzlich ohne dazustehen. Beklagenswerterweise führte dies zu zahlreichen weiteren Nacktbadetagen – am liebsten abends, wenn das Wasser sich erwärmt und der Strand sich geleert hatte. Meine jugendliche Indoktrination versuchte mich immerhin zurückzuhalten oder mir zumindest Ungemach in Form von Scham zu bereiten. Wir Calvinisten sind ganz groß, was Scham angeht.

Ich steige als gebeugte, bläuliche Gestalt aus dem Meer und wirke entweder wie schlecht einbalsamiert oder vor längerer Zeit ertrunken. Fehlende Muskelspannung und Schwerkraft sorgen dafür, dass ich mich beim Laufen anhöre wie vereinzelter Applaus. Dennoch muss ich einfach zugeben, dass ich mich letztes Jahr beinahe amüsiert habe. Also war ich diesen Sommer streng mit mir. Ich würde wieder nach Sylt fahren, aber diesmal würde es kein Amüsement geben. Daher mein Ausflug ins Wasser am denkbar ungeeignetsten Tag, in eine Brandung, deren Brecher jede Schwimmbekleidung sofort in Richtung Connecticut davonspülen würden, wenn man zufällig welche dabeihätte.

Ich zitterte, schlug um mich und gurgelte, und ich versuchte, mir Haie vorzustellen. Ich erinnerte mich an meine Schulzeit und an Ingrid Brown – ihre deprimierend gazellenhafte Grazie, ihre entmutigend honigfarbenen Gliedmaßen –, wir anderen sahen neben ihr immer unterentwickelt aus und konnten kaum hoffen, jemals mit irgendwem sexuelle Beziehungen einzugehen, der bei klarem Verstand oder Sehvermögen war.

Ich konzentrierte mich auf meinen ersten BH, meine frühe Hoffnung, dass er eines Tages nicht bloß hämisch wie eine Weste um meine Rippen schlabbern würde. Doch trotz all meiner Bemühungen war ich beinahe fröhlich. Wieder an Land, erwischte ich mich bei einem Lächeln, als ich mir das Blut in die blauen Füße zurückrubbelte. Ich strauchelte also wieder einmal – ich war kurz davor, die Welt im großen und ganzen in Ordnung zu finden, während ich mich in die Wellen stürzte und ohne Schutz von Feigenblättern oder Leinwänden am Strand entlangspazierte.

Ich suchte mir natürlich ein Plätzchen unter den weniger exaltierten Nackten – den Pärchen, die zusammen in den Dünen standen und sich leicht befangen unterhielten, als wären sie zu einem Drink im Haus des Chefs eingeladen; den vielen, vielen Männern, die unbedingt jede Pose aus dem Versandkatalog des Jahres 1972 einnehmen müssen; den Erdmüttern, die grimmig entschlossen herumhüpfen, um den Geist von wer weiß was wiederaufleben zu lassen, und uns daran erinnern, dass Büstenhalter auch unsere Freunde sein können.

Ich weiß inzwischen, dass nacktes Volleyballspielen verboten gehört und dass nacktes Boulespielen stille Würde und Könnerschaft ausstrahlt. Ich weiß, dass Menschen, die ihre Abende auf demselben Sofa verbringen, mit den gleichen hängenden Schultern und identisch plattgesessenen Hintern ins Wasser gehen. Ich weiß, wenn ich lang genug lebe, werde ich zu einem geschlechtsneutralen ausgebeulten Sack mit besorgniserregenden Augen und, wenn ich Glück habe, Schienbeinen. Diese letzte Gewissheit ist natürlich eine Hilfe, wenn ich anfangen sollte zu grinsen oder mich zu sehr entspanne.

Doch ich weiß nun auch, dass nackte Rentner in der Brandung kichern und herumtollen wie Vierjährige. Ich weiß, dass kleine Jungs und ihre Väter im Adamskostüm schreiend und spritzend durchs flache Wasser rennen und Quallen ausweichen, als hätten sie beide noch nie im Leben eine Rechnung bezahlt. Ich weiß, dass langjährige Partner wie rasierte Seehunde nebeneinander auf dem Bauch liegen, still Händchen halten und vor sich hin dösen. Und das strahlt eine Art Unschuld und Frieden aus, und der Atem der Wellen ist schrecklich beruhigend, und manchmal glitzert richtige Zufriedenheit in meinen vorderen Hirnlappen auf, ganz egal, was sonst passiert.

Aber jetzt bin ich wieder zu Hause, das Wetter ist furchtbar, ich habe zu arbeiten, und Sie können sich darauf verlassen, dass ich schon bald jeden Anflug von Genuss, der mich in letzter Zeit heimgesucht haben sollte, vergessen habe. Es sei denn, ich werde schwach – Sie wissen ja, das Fleisch ist schwach – und lande nächstes Jahr wieder auf Sylt.

Gustav Stresemann
Haus Miramar

Westerland-Sylt, den 22. August 1913
Besitzer: Georg Busse
Telegramme: Miramar
Fernruf Nr. 376

Flatternde Fahnen am Badestrand
Vielhundertfältig, von jedem Land,
Wohlige Freude, Kindliches Lärmen
Der Strandweg wimmelnd von Mädchenschwärmen
Hoch aus den Lüften der Möwe Schrei
Von ferne grüßend ein Segel vorbei
Da surrt es – ein „Hoch" grüßt den Flieger nach,
Das ist Westerland am sonnigen Tag.

Das Meer aufbrausend in Gischt und Schaum
Im Nu überflutend der Burgen Raum
An die Buhnen krachend mit wilder Gewalt
Dass pfeifendes Heulen die Luft durchhallt
Zerrissener Wolken ein fliehendes Heer
Die der Sturmgott treibt über Länder daher
Und ein Tosen wie uraltes Siegerlied
Das ist Westerland wenn der Sturmwind zieht.

Du deutsche Insel am Nordseestrand
Wo friesische Art in Ehren genannt
Empfange alljährlich die Pilgernden gern
Die in der Großstadt dem Meere fern.
Lass in Sonnesgluten und Windeswehen

Ein kernhaft gesundes Geschlecht erstehen
Das in Freiheitskämpfen der Zukunft wild
So fest einst seht wie der Vogt von Sylt.

Zur Erinnerung an den schönen und genussvollen
Aufenthalt in Sylt. Miramar Sommer 1913.
Gez. Dr. Gustav Stresemann und Familie.

Ernst Penzoldt
Sand

Ehe die Sintflut kommt, denn es regnet seit sieben Tagen ohne Unterlass, will ich Dir noch einmal schreiben.

Es hat eine gute Weile gedauert, bis mein kleines Haus mir vertraut wurde, bis es mich annahm. Vielleicht hat es noch nie ein Liebender bewohnt. Man fühlt es, ob in einem Haus schon geliebt wurde oder gehasst. Vielleicht muss erst jemand darin geboren oder gestorben sein, damit es seinen Sinn bekommt.

Aber nun ist es doch schon etwas von mir durchwohnt. Auch der Tisch, an dem ich Dir schreibe, beginnt fruchtbar zu werden, dank einer gewissen Unordnung aus Zetteln, Büchern, Bleistiften, der schöpferischen Unordnung, die ich brauche, ohne die ich mich nicht darauf zurechtfinden könnte. Sie hat etwas von dem natürlichen, harmonischen Durcheinander einer Landschaft. Wehe, wenn jemand käme und wollte die Flüsse strecken und in Reih und Glied nebeneinander-, die Seen und Städte aufeinanderlegen: Ich würde nichts mehr finden in solcher keimfreien Ordnung.

Obenauf liegt Dein Brief, als wäre er unter Umgehung der Post durch die Luft hierher geflogen (denn so müsste es ja eigentlich sein zwischen uns, dass wir unsere Briefe dem Wind anvertrauen) wie ein weißer Vogel, wie eine Möwe und hätte sich hier niedergelassen. Seine Schwingen sind von Deiner Hand beschrieben.

Ich liebe Deine Schrift.

Ich kann mir keine Schrift denken, die Wesen und Gestalt der schreibenden Person so sichtbar macht wie Deine. Die Zeichen auf dem Papier sind die Schatten der Worte aus Deinem Munde. Jeder Buchstabe ist ein kleiner Mensch und Dir ähnlich. Manche Zeilen stürmen dahin wie Gazellen, andere gehen gemächlich einher. Dein Haar ist darin, die schlendernde Unbekümmertheit Deines Ganges, die Schwünge, Schleifen, Schweifungen der Buchstaben haben ganz Dein Gehaben und Deine Anmut. Es würde mich nicht wundern, wenn sie nachts lebendig würden und im Mondschein umherspazierten, Arm in Arm oder umschlungen, und erst morgens auf ihre Plätze zurückkehren würden.

Du fragst mich, was ich so den ganzen Tag tue. Nichts. Davon bin ich von früh bis spät vollauf in Anspruch genommen. Es bleibt mir kaum Zeit, etwas anderes zu tun. Ich lebe, das ist alles.

Meine Uhr ist stehen geblieben. Es muss wohl Sand ins Werk gekommen sein. Aber ich brauche sie hier nicht. Ohne Uhr hat man immer Zeit. Denn die Zeit richtet sich nicht nach der Uhr. Manchmal eilt sie, manchmal verweilt sie. Sie ist aus ähnlichem Stoff gemacht wie der Wind. Was ist die Zeit? Ihre Dauer richtet sich nach unserer Liebe.

Bei schönem Wetter bin ich den ganzen Tag am Strand, in den Dünen, im Wasser, im Wind unter Gottes freiem Himmel, bei den Elementen also, aus denen er Dich und mich und die übrigen Menschen geschaffen hat. Denn wenn irgendwo, dann hat er es hier vollbracht. Hier fand er alles, was er dazu bedurfte: Sand und Lehm für die Gestalt, Wind genug für den Atem, die Sprache und die Seele, Feuchte genug für Tränen, Bläue genug für die Augen, Steine für das Herz in der Brust. Die Hügel und die Hänge der Dünen enthalten Formen für Millionen von Geschöpfen. Und das Meer ist voller Gedanken, dunkler und heller, voll Unruhe und unergründlicher Trauer. Ich möchte dabei sein, wenn Du zum ersten Mal das Meer siehst. Ich kenne es schon lange. Ehe Du auf der Welt warst, kannte ich es schon. Wo warst Du damals?

Wenn ich allein am Strand bin – ich bin ja nicht allein, denn ich lebe, als wäre ich zu zweit –, dann ist die weite Welt ganz nahe. Es ist alles da.

Die glückliche Insel besteht aus Sand und Lehm, darein wie Rosinen in einen Kuchen Steine und Muscheln gebacken sind, aber vorzüglich aus Sand. Es ist ein Wunder, dass er nicht schon längst in alle Winde geblasen ist von den Stürmen der Jahrtausende. Er ist beharrlicher, sesshafter, als es den Anschein macht, so als zöge ein Körnchen das andere an, als suchten sie einander und fänden wie winzige Lebewesen doch immer wieder zueinander. Wenn man eine Handvoll trockenen Sandes aufnimmt und in den Wind hält, dann fangen die Körnchen an, hurtig durcheinanderzuwirbeln und aufzufliegen wie Samen. Aber der Wind, der sie zerstreut, kehrt sie auch wieder zusammen, das Meer, das sie fortspült, bringt sie auch wieder zurück. Wenn man Sand durch die Lupe betrachtet, so sieht man ein Geröll von kleinen Felsblöcken, manche durchscheinend, manche glitzernd wie Glassplitter, andere goldgelb, ziegelrot oder grau, einander ähnlich alle, doch keines dem anderen gleich. Sie liegen locker beieinander, aber Wind und Wasser können sie so fest zusammenfügen, dass dem Wanderer, der darüber hingeht, die Sohlen schmerzen. Keine Spur bleibt darin zurück.

Ein hilfloses Spiel für Wind und Wellen, je nach Laune hin und her geworfen und geblasen, unfruchtbar und unverweslich scheint der Sand zu sein. Dennoch muss ihm eine geheime, lebensspendende Kraft innewohnen. Aus ihm holt der Strandhafer seine Nahrung, Stiefmütterchen wachsen darin, bunte Wicken ziehen leuchtende Farben aus ihm. Sie müssen wohl darinnen sein. Ist es das fruchtbare Licht, das nicht aus den Gestirnen zu kommen scheint, sondern in jedem Sandkorn wohnt, wie denn die Dünen des Nachts weithin leuchten, mondenhell – ist es dieses Licht, das die Pflanzen bestrahlt, ist es das Salz, ist es der Quarz, von dem die Wurzeln essen?

Tierchen so klein, dass jedes Sandkorn ein Felsblock für sie sein muss, rote Spinnen, Ameisen und graue Rüsselkäfer, wie winzige Elefanten anzusehen, leben in den Dünen, und Sandflöhe, die sich ganz wie ihre unruhigen Vettern, die Gletscherflöhe, benehmen. Sie haben wie diese etwas Plötzliches, Springlebendiges. Sie sind sandfarbig, lebendig gewordene Sandkörnchen, und treten rudelweise auf. Zarte blaue Schmetterlinge, von der Farbe der Männertreu, gaukeln ungeachtet der steifen Brise leicht und munter umher. Der Wind, gegen den der Wanderer ankämpft, zerreißt sie nicht, der Sturm entführt sie nicht übers Meer.

Wie finden die Ameisen heim in dieser Wüste? Und die Vögel, die Seeschwalben, die in den Sand ihre Eier legen, ungeschätzt in ein nur durch einen lockeren Kranz von Halmen kaum angedeutetes Nest? Welche Trübsal bringen ihnen der Regen und die Finsternis? Wo sind sie, was empfinden sie nachts?

Diese Berge von Sand, erstarrten Wogen nachgebildet, haben manchmal eine schwache Stelle, wo sie der immerwährende Wind, der übers Meer kommt, anfrisst. Er fegt über den Dünenkamm und bläst eine Mulde in den Sand. Der Sand beginnt zu wandern, fliegt auf und sammelt sich jenseits der Mulde. Zuerst ist es nur eine kleine Vertiefung, eine hohle Hand, aber der ewige Wind gräbt tiefer, höhlt gewaltige Krater aus, und die wandernde Düne wächst wie ein Gletscher in die Heide, langsam Korn bei Korn. Sandwüsten bilden sich, Formationen, die denen des Schnees in den Bergen gleichen. Man könnte von Pulversand und Harsch sprechen.

Ich habe mir die Mühe gemacht, bäuchlings am Strande liegend, den Sandgrieß ein wenig durchzusehen, auszulesen und zu ordnen. Ich habe dabei Körner gefunden, klar und rund wie Tautropfen, wert, einen Ring zu zieren. Manche gleichen Rauchtopasen, andere dem Rosenquarz, wieder andere schimmern bernsteingolden. Die einen erkennt man ohne Weiteres als Absplitterungen von Gestein, zerrieben in der Brandung, aber jene wasserhellen sehen aus, als seien sie als Sandkorn erschaffen. Natürlich sind Muschelreste, kleine Metall- und Kohlenteilchen dareingemischt. Ich habe von jeder Art, nach Farbe und Schliff gesondert, je etwa eine Mandel in weiße Muschelschalen getan, darin sie allerliebst aussehen wie winzige Edelsteine.

Vielleicht wird, wenn die Sonne darauf scheint, der Sand so heiß, weil die Körper wie Linsen von Brenngläsern wirken. Es ist ein wunderbares Gefühl, nackt darin zu liegen, und die Haut wird schön samten davon. Ich glaube an die Heilkraft des Sandes.

Wenn ein Sandkorn in eine Auster gerät, bildet sich eine Perle. Sein Reiz, sein Kitzel ist es, der das schimmernde Wunder hervorbringt. Auch von den Muscheln wäre viel zu sagen. Manche gleichen rosigen Fingernägeln, manche kleinen Schmetterlingen, und die Malermuscheln sind wie große Sonnenblumenkerne.

Es hat zu regnen aufgehört. Die Sonne ist hinab und der Mond kommt herauf, unser Mond, von dem gesagt wird, er sei den Liebenden feindlich gesinnt. Mond und Sonne, sie müssen eines Tages ineinander stürzen wie Liebende. So ist es gemeint. Das wird der Welt Ende sein. Nun funkeln die Sterne. Ich habe einen nach Dir benannt. Er ist keiner von den größten, aber sie sind alle nicht sehr groß. Sie sind so, wie wir sie sehen, und ich werde nie glauben, dass sie gewaltige Himmelskörper seien. Der Stern, der Du bist, wird vom Winde gedreht wie ein Federrädchen. Gute Nacht!

Theodor Storm
Sylter Novelle

Einem Sylter in Wenningstedt wird seine einzige Tochter von einem dänischen Seeoffizier verführt (das Schiff ist hier stationiert). Hass des Sylters gegen das Militär und alles Gesetzliche. Er strandraubt. Der König setzt einen energischen Landvogt ein. Dieser hat eine halberwachsene Tochter.

Die Verführte war im Wochenbett gestorben; der hinterlassene Sohn (Lars) wird vom Großvater im Hass gegen das Militär und das Gesetz erzogen und ist verrufen auf der Insel. Er ist schön und stark, gleich des Landvogts Tochter. Da – zur Jahrmarktszeit – tritt er ihr, die von anderen Knaben und Mädchen umringt ist, entgegen. Jene warnen sie vor dem gefürchteten Jungen, und sie sagt ihnen, sie sollten ihn wegjagen. Sie versuchen es; er wirft sie. Da werden die Augen des Mädchens zornig. „Zurück, lasst mich! Nein, allein!", ruft sie. Und das schöne kräftige Mädchen stürmt gegen ihn. Er starrt sie an, und wie sie mit ihren kleinen festen Händen ihn packt, kommt es wie Lähmung über ihn; sie wirft ihn zu Boden und setzt ihren Fuß auf seinen Nacken. Er geht schweigend fort.

Die Tochter des Landvogts geht gern in die Dünen. Es spukt dort; Geheul und Geschrei (aber auf Anstiften des alten Sylters von seinem Enkel Lars veranstaltet, um die Menschen fortzuscheuchen). Da tritt der Alte ihr entgegen. Sie erschrickt und entflieht. Lachend kommt der Alte hinterher; sie stürzt, verrenkt den Fuß und kann nicht wieder aufkommen.

Plötzlich ist der Junge zur Stelle. Er hebt sie sanft vom Boden. „Trage mich nach Haus!", befiehlt sie ihm – „Ja", und er tut es. Sorgfältig wie eine Mutter trägt er sie. „Du bist doch der Stärkste", sagt sie sanft und schließt dabei die Augen. „Nur jetzt", sagt er, „aber mach doch die Augen auf!" – „Willst Du es?" – „Ich will es nicht, ich bitte dich nur darum; denn du bist doch die Stärkste!" Da tut sie es. So gehen sie Auge in Auge. Lars strauchelt einmal. Fast wären sie gefallen. Er trägt sie nach Westerland ans Haus und pocht das Gesinde heraus. Dann wendet er sich, und schweigend entflieht er, als hätte er ein Verbrechen begangen.

Zwiespalt in ihr, wer der Mächtigste.

Lars sagt ihr, dass er von dem Alten fort will und zur See. Er hat sie vor dem Alten beschützt, und deshalb ist der Alte gegen ihn. Lars verschwindet (geht zur See).

Sie verlobt sich nach zwei Jahren und denkt seiner nicht mehr sehr. Das ist wesentlich das Werk ihres Vaters, des Landvogts. Eines Tages sitzen die Verlobten zusammen in der Laube. Sie duldet unangenehm seine Zärtlichkeiten. Als er sie umfassen will, springt der Schiffer (Lars) herein und wirft ihn über den Zaun. Sie ist empört; erbittert weist sie Lars zurück. Der Bräutigam, geschunden und gestoßen, klagt. Da wird ihr der Kontrast zwischen den beiden bewusst; sie lächelt innerlich.

Hochzeitsnacht. Ihre Zuneigung zum Bräutigam ist etwas erschüttert. Am Tage vor der Hochzeit gehen sie in die Dünen, um von der Größe und Stille Abschied zu nehmen. Der Schiffer (Lars) will auch folgen, ist auch da. Sein Schatten wird ihr sichtbar. Das Brausen des Meeres. Es fällt ihr auf die Seele: Morgen sollst du den Jämmerlichen heiraten. Mondlicht in den Dünen. Wut, Groll, Leidenschaft und Erbitterung gegen die Menschen kämpfen in ihr mit der keuschen Scheu, die ihr die Herrschaft über ihn gibt. Sie begegnen sich: „Weshalb bist du hier?" – „Wohl deshalb wie du: Ich will nicht, was ich soll." – „Ich weiß, du verachtest mich. Trete mich mit Füßen! Nur einen Blick in Deine Augen!" Er umfasst sie. Sie steht reglos. Da schlägt sie die Arme um ihn. Rasende Leidenschaft von beiden Seiten. Brautnacht in den Dünen. Das Meer.

Er wirft sich vor ihr nieder. Sie verlangt, dass er ihr verspricht, nie wiederzukommen, sie nie wiederzusehen. Er verspricht es. Sie weiß, dass er am nächsten Morgen fort muss.

Am Morgen: Trauung in der Kirche. Zwiespalt in ihr, dass sie schon mit einem Ehebruch in die Ehe tritt. Der Priester spricht von der Wahrheit als Grundlage der Ehe. Auf seine Frage, ob sie gewillt sei, dem Bräutigam die Hand zur Ehe zu reichen, sagt sie: „Nein!" Aufruhr in der Kirche. Zorn des Vaters (des Landvogts). Aber sie will nicht. Der Bräutigam fort; er verlässt die Insel.

Sie lebt im väterlichen Haus, bis ihre Schwangerschaft deutlich wird. Dann wird sie vom Vater verstoßen. Bei dem alten Sylter (in Wenningstedt) sucht sie Hilfe. Sie erzählt ihm alles. Höhnische Freude des Alten an seinem Enkel (Lars), dass er seine Mutter gerächt hat. Der Alte nimmt sie auf. Aber er verlangt strengen Gehorsam. Sie bleibt als Aschenbrödel, muss sogar bei Strandraubfällen Dienste tun.

Sie gebiert ein Kind. Sie sehnt sich nach Lars. Jedes Segel lässt sie hoffen; aber sie weiß, er wird sein Wort nicht brechen.

Sturm. Ein alter Schiffer erzählt, er habe bei einem gewaltigen Kapitän Dienst getan; der sei vor einigen Tagen in die Nordsee eingelaufen und habe zwischen Sylt und Helgoland nach Hamburg wollen. „Wenn der Sturm ihn jetzt nur nicht zu fassen kriegt!"

Nachts Strandfall. Der alte Sylter (von Wenningstedt) sammelt seine Kameraden. Der Alte läuft, um sein Gewerbe zu betreiben, an den Strand. Sie, von der Angst erfasst, es könne Lars sein, folgt dem Alten.

In den Dünen (zwischen Wenningstedt und Westerland) kommt es zum Kampf zwischen den Überlebenden des gestrandeten Schiffes und den Strandräubern. Kampf in der Dunkelheit zwischen (Groß-)Vater und Sohn. Sie kommt dazu und findet Lars tot.

Sie gerät in ein Dünental, läuft im Dämmern gegen einen Pfahl, der im Sande eingerammt ist. Sie sieht auf: Da stehen wohl über zwanzig Pfähle. Sie weiß es, man hat es ihr gesagt; da liegen die Heimatlosen, die Gestrandeten, die Erschlagenen. (Man darf dem Meer nicht ganz rauben, was es sich erobert, darum in den Dünen begraben.) Ihr graut. Sie läuft zwischen die Pfähle durch. Da – Geheul von einer Seite, es antwortet von der anderen.

Sie entflieht und fällt.

Eine irrsinnige Frau geht in den Dünen um.

Benjamin von Stuckrad-Barre
Ganz unten im Norden

Das letzte Krabbenbrötchen meines Lebens schmeckte vorzüglich. Ich aß es an einem Donnerstagabend an der nördlichsten Fischbude Deutschlands, also bei Gosch in List auf Sylt. Am nächsten Morgen um sieben Uhr sollte ich dort meinen dreitägigen Hospitanten-Dienst antreten. Ich war gerade angekommen, hatte ein schäbiges Lohnarbeiterzimmer in einer Gosch-nahen Pension angemietet, und wollte noch einmal auf der anderen Seite der Theke stehen, erstens aus Recherchegründen, zweitens hatte ich Hunger. Und drittens wusste ich noch nicht, was ich nun weiß.

In gekrümmter Fischbrötchenesshaltung ließ ich also die beim Brötchenbiss planmäßig aus den Brötchenseiten herausquellenden violettrosa Nordseekrabben und die schweinchenrosa Hummersauce zu Boden gehen, kaute hastig den süß-salzigen Brei, trank ein Bier, hörte Möwen und Syltvolk, Fett zischte, Gläser klirrten, die Sonne sank in die Nordsee, und ich erlag der Jeverreklamenromantik: Hafen, Wind, kein anderes Bier, dazu Fisch im Stehen – der Kitsch der Ursprünglichkeit. Natürlich glaubte ich, sie holen all den Fisch direkt hier aus dem Meer. Na gut, den Lachs wohl nicht, aber alles schmeckt so frisch, denkt man, bloß, weil der Verkaufsstand so meernah liegt. Man glaubt so was ja gerne, eine Tiefkühlpizza wird durch das Beiwort „Steinofen" in den Rang der Frischware gehoben, vom Klang her, und was im Restaurant mit Kreide auf einer Tafel angeboten wird, kommt in die engere Wahl des Gastes, weil es doch so frisch ist, denkt er, Angebot nach Marktlage eben, man glaubt ja auch, im Fernsehen singen sie live, wenn da bloß ein Mikrofon vor den Akteuren steht. Kein Zufall, dass man bei Playbackauftritten das zum Dargestellten Eingespielte „Musik aus der Konserve" nennt.

Ich bestellte noch ein Bier, stand mit den Urlaubern um den Gosch-Tresen herum, fand mit denen, es ginge alles viel zu langsam da hinterm Tresen, obwohl wir doch sahen, wie hektisch die Menschen dort herumhüpften. Alles viel zu langsam, das dauert vielleicht, ja, meins, hier, danke, Besteck nehme ich mir selbst, stimmt so, wurde auch Zeit.

Am nächsten Morgen um sieben Uhr werde ich kurz durch das Sylter Zentrallager geführt, von dem aus die Gosch-Filialen der Insel beliefert werden, man zeigt mir die in Tablettregalen auftauenden Shrimps, die sich gerade in einem unansehnlichen Zwischenstadium befinden, triefnasse graue Matschblöcke, daneben das eingebeutelte Krebsfleisch; dort dies, hier jenes – ich kann mir kaum was merken, bloß, dass das einst sehr teure Krebsfleisch immer billiger und beliebter, dafür aber die Shrimps bald unbezahlbar würden. Ich bekomme einen Gosch-Kittel mit eingesticktem Logo-Hummer und eine rote Schürze, und es geht los.

An einem Hebelkorkenzieher stehend entkorkt jemand einige hundert Weinflaschen. Der Korken wird nicht vollständig gezogen, aber nach dieser Halböffnung können die Flaschen später von den Servierkräften per Hand entkorkt werden, das spart Zeit, denn an der Theke ist es wahnsinnig hektisch, erklärt der Kollege.

Ich versuche, ihm zu helfen, seine Handgriffe zu imitieren, über Fehler den Vorgang zu verstehen, mir dann eigene Erleichterungstricks auszudenken, wie man eben Sachen lernt. Sie behandeln mich gut hier, jeder hat mal so blöd angefangen, wusste nichts, kannte nichts, machte Fehler; geduldig erklären sie einem die paar Handgriffe, bis man die beherrscht, ist die Arbeit halbwegs interessant, danach wird es stumpf, gut zum Nachdenken, sagt einer, er kommt aus Polen und hat dort Ärger mit seiner Freundin, deshalb sei der Job im Moment genau richtig für ihn, sagt er.

Jemand kommt rein und schreit, wir sollten leiser sein mit den Flaschen, wenigstens bis acht Uhr, der Nachbar würde sich sonst beschweren, er geht wieder raus, wir gucken uns an, haben zusammen Ärger gekriegt, sind also jetzt ein Team, lachen, heben die Augenbrauen, wiegen die Köpfe, machen weiter, ein bisschen leiser, kleben ein neues Bestellfax an die Kühlraumtür und arbeiten es ab. Das Entkorken geht mir inzwischen gut von der Hand, zack, zack, nächster Karton, ich renne zum Kühlraum, neue Kartons zu holen, als ungelernte Hilfskraft will ich wenigstens eifrig wirken, den Betrieb nicht übermäßig aufhalten, da fasst mein Kollege mich entschieden am Kittel: „Nicht rennen, bist du verrückt?" Wir gehen in den großen Raum, in dem Meeresgetier in allen Formen für Grill, Topf oder Pfanne vorbereitet wird: Aufgespießt, aufgetaut, gehobelt, paniert, eingeölt usw. Wir trinken einen Kaffee, es riecht nach geseiften Fliesen und Fischblut, mir ist übel, ich bin schon ziemlich erledigt vom Weinöffnen, es ist noch nicht mal acht.

Als nächstes zeigt mir der über die Liebe nachdenkende Pole, wie man Krebsfleisch in eine verkaufbare Form bringt: Je zwölf Plastikbeutel müssen aufgeschlitzt und in eine Kunststoffwanne mit Siebwänden geleert werden, dann wird eine Plastikplane, ein Müllbeutel wohl, darauf ausgebreitet, man stellt sich in die Wanne und stampft wie eine Weintreterin fröhlich auf dem mit Folie geschützten Gewürm herum, um das Transportwasser aus dem Fleisch zu treiben, dann geht es später am Grill schneller. Bei jedem Tritt quetscht sich rötliche Flüssigkeit aus den durchlässigen Wannenwänden, das Behältnis kippelt gehörig, man muss sich an der Shrimpspresse festhalten, sonst fliegt man ins Waschbecken. Zu zweit heben wir dann die Wanne mit dem ausgepressten Krebsfleisch hoch, schütten sie in einen anderen Trog, pulvern 2,2 Kilogramm Würzmischung drauf und wühlen mit Gummihandschuhen darin herum, damit das Gewürz sich untermischt, die dabei aufsteigenden Pulverwolken beißen in der Nase, ich muss Acht geben, nicht in die Kadaverwanne zu niesen, kann es unterdrücken und fülle dann, wie man es mir gezeigt hat, zweieinhalb Schaufeln des nun gewürzten Krebsfleisches in Plastiktüten, lege die in eine Vakuumpresse – und fertig. Später wird es jemand essen. Die nächsten zwölf Tüten.

Neben mir steht plötzlich jemand ohne Schürze, das heißt in gehobener Position, er guckt mir zu, ich werde nervös, ein paar Würmchen fliegen neben die Wanne, ich stelle schnell meinen Fuß daneben, damit er DIE WARE (so sagt man zu all den Lebensmitteln hier) auf dem Boden nicht sieht, ich kenne die Regeln nicht, weiß nicht, was mehr Ärger nach sich zieht, fahrlässige Krebsfleischverschwendung oder unhygienische Weiterverwendung der auf den Boden gefallenen Ware, deshalb schiebe ich das Zeug mit dem Schuh ganz an die Wanne, greife es dann unauffällig beim Bücken nach einem weiteren Beutel und mische es unbemerkt unter. Während dieser heiklen Operation redet der Mann fortlaufend, fragt mich, ob ich wisse, was ich da bearbeite, jawohl, sage ich, Krebsfleisch, das war ja früher so teuer, wird nun immer billiger, dafür ziehen die Shrimps unheimlich an, die ja in Vietnam gezüchtet werden – er nickt anerkennend, sieh mal an, sagt er, da hat ja jemand Ahnung, ich lächele, er lächelt, die Kollegen denken wahrscheinlich, ich sei ein Arschloch, das Radio war aber laut genug, es ist halb neun.

Der schürzenlose Mann nimmt ein Stück gewürztes Krebsfleisch aus der Wanne und beißt rein, kaut, ich schlitze neue Beutel auf, wie herum hatte ich eben noch mal die Plastikplane aufgelegt, keine Ahnung, gut möglich, dass die eben mit den Schuhen betretene Seite nun auf dem Fleisch liegt, und zum Takt eines Radioliedes verlagere ich mit einer mir effizient erscheinenden Wipptechnik mein Gewicht auf dem toten Getier, rhythmisch quietscht Wasser aus den Wannenseiten, ich halte die Balance. Der Mann ohne Schürze sagt zu einem Kollegen, das Fleisch sei etwas überwürzt, nicht unsere Schuld, doch werde im Herkunftsland ein Wasser bindender Stoff beigemischt, um das Gewicht und damit den Erlös zu steigern, früher war es Phosphat, das sei nun verboten, aber die Lieferanten nähmen dann eben eine andere, noch nicht verbotene Substanz, und die in der gerade probierten Lieferung verwendete sei offenbar so salzig, dass man etwas weniger Würzmischung als gewohnt verwenden solle. Der Kollege beißt auch in ein Krebsstück, nickt, und wirft das angebissene Stück zurück in die Wanne.

Ich habe wieder eine Ladung fertig, nehme mir einen Kaffee, daneben liegt eine Schachtel Kekse, ich reiße sie auf, jemand am Herd ruft, das seien „Privatkekse", ich entschuldige mich, lege sie zurück, er sagt, nun sei es egal. Blamiert fliehe ich in den Personalraum und verschnaufe neben einem Gummibaum. Draußen Sylt, der Tag beginnt, sieht schön aus, mir egal, ich hab zu tun. Neben den Schließfächern stehen CD-Kartons, auf den CD-Hüllen ist ein Mann mit weißem Bart und weißem Gosch-Kittel abgebildet: „Jürgen Gosch, 'n Sylter Jung – Lieder aus der alten Bootshalle."

Von draußen schreit jemand, ich laufe hin, bei jedem lauten Ton fühle ich mich angesprochen, ein weißer Gosch-Lieferwagen ist vorgefahren, ein dicker schwitzender Mann steigt aus und redet vor sich hin, das einzige verständliche Wort ist Scheiße. Das sagt er mehrmals pro Satz. Dabei deutet er mit seinen behaarten Armen auf mich, auf den Wagen, auf die Müllcontainer auf der gegenüberliegenden Straße, Scheiße, also räumen wir den Wagen aus, Scheiße, Papier, Glas, Pappe, Speisereste, Scheiße, Wagen leer – wir beladen ihn mit frischem Zeug, mit Wein, Krabben, Pfeffermakrelen, Bratheringen, Filets, Spießen, Soßen, Muscheln – der ganzen Scheiße halt. Damit geht es zu einer Filiale, Sylt fliegt an uns vorbei, der Blick vertunnelt sich, kennt nur noch das Ziel, Kampen verflüchtigt sich in unseren Augenwinkeln, das wunderschöne Kampen, wir heizen einfach durch, wir bringen den Fisch, Kampen sieht nurmehr aus wie Schlumpfhausen, mit unserem Stundenlohn dürfen wir hier nicht mal aussteigen, Scheiße, am Zielort versperrrt ein Biertransporter die Zufahrt, doppelt Scheiße, wir tragen die Eimer und Kisten, die sind scheiße schwer, schneiden sich in die Hände, Eis essende Urlauber gucken uns interessiert zu, erwachsene Männer tragen metergroßes Gummigetier hinter ihren hochbezahlten Kindern her und geben sich für 14 Tage mal interessiert und zugewandt, wir bringen nur den Fisch, Scheiße, hallo, wir sind es, die gut gelaunten Jungs von Gosch, mit unseren Kitteln und DER WARE sind wir die Maskottchen des Syltgefühls.

Wo ist die Seezunge?, fragt uns der belieferte Koch, ja, die Seezunge, Scheiße, da irgendwo im Styroporsarg. Wir fahren zurück, da stehen neue Kisten und Eimer, die Scheiße geht von vorne los, außer Scheiße sagen wir nicht viel bei der Arbeit, nur als ich mich in den Feierabend verabschiede, informiert mich mein Kollege, es gebe einen Puff in Wenningstedt. Gefragt hatte ich nicht.

Ich stinke nach Fisch, esse ein Hähnchen, nie wieder Fisch (Oskar Lafontaine wählt ja wahrscheinlich auch nicht mehr SPD, und Berti Vogts wird Rudi Völler nicht uneingeschränkt die Daumen drücken), und lege mich schlafen.

Am nächsten Tag werde ich im Kundenbereich eingesetzt, im Lister Hafen, abends findet dort ein Fest statt, weil Herr Gosch, unser Chef, zum Wirt des Jahres gewählt worden ist. Von wem, kann mir keiner meiner Kollegen sagen. Ich kriege ein neues T-Shirt, „Matjesfestival 1999" steht drauf, eine saubere Schürze und eine Plastikwanne, mit der ich dann durch die Bankreihen gehe, und leeres Geschirr hineinsammele. Die Essenden sind zumeist freundlich, sie nennen mich Junge, ich dienere, wenn sie ihre Teller einen Zentimeter hoch, mir entgegenheben, Danke, vielen Dank, ich mach das, lassen Sie nur. Die Wanne trage ich hinters Haus, zum Kücheneingang, wo es eng ist und heiß und laut. Die Speisereste werden in den so genannten Schweineeimer ausgeleert, ein Blick da hinein, in das mayonäsige Gewühl, in dem Fisch, Salat und Brötchen eins werden, und man ist satt für Stunden.

Das Geschirr wird dann abgeduscht und auf ein Schiebegestell geordnet, in die Spülmaschine geschoben, nach ein paar Minuten erlischt das Kontrolllämpchen, man öffnet die Maschine, eine Dampfwolke nimmt einem den Atem, das Geschirr ist so heiß, dass es von selbst trocknet, man stapelt es, dann wird es nach vorne gebracht und wieder mit Essen behäuft. Kurz danach gehe ich es wieder einsammeln und mich Junge nennen lassen, beziehungsweise „Hey".

So nennt mich jetzt ein weißbärtiger Mann. HEY!, schreit er und meint mich, mich und zwei Kollegen, wir eilen dorthin, er sieht aus wie der Mann auf den CD-Hüllen im Personalraum, das muss Jürgen Gosch sein. Wir sollen mehr Bänke und Tische aufstellen, befielt der kluge Geschäftsmann, wir nicken, rennen zum Lieferwagen, holen aus einem Lager mehr Bänke und Tische, rasen zurück zum Hafen. Jemand, nicht Herr Gosch, zeigt uns, in welcher Anordnung Tische und Bänke auf dem Hafenplatz zu verteilen seien, wir stellen sie demgemäß auf, da kommt der Wirt des Jahres wieder angelaufen, ruft NEIN, NEIN!, NEIN!, SO!, SO!, SO!, also machen wir es so, so, so, aber das ist natürlich auch wieder komplett verkehrt, wie können wir nur so begriffsstutzig sein. Gleichmütig verinnerlichen wir die neuerliche, lautstark mitgeteilte Anordnung, machen uns wieder an die Arbeit, auch wieder falsch, Himmelherrgott!, meine beiden Kollegen sprechen kaum Deutsch, Jürgen Gosch inzwischen auch nicht mehr, es kommen nur noch ungeduldige Laute aus ihm heraus. Er herrscht mich an, dass ich die Bänke nicht exakt parallel zur Transportertür auf den Boden lege, bevor ich sie weiterschleppe, sondern an den Rand, damit die Kollegen nicht stolpern, wenn sie aus dem Auto steigen, mit weiteren Bänken in der Hand, Herr Gosch, Sie können sich drauf verlassen, sage ich, wir bringen Tische und Bänke genau dorthin, wo Sie sie haben wollen, selbstverständlich, aber hier haben wir jetzt unser System zum Ausladen entwickelt, so geht es am sichersten und schnellsten, bitte, das müssen sie uns zutrauen, wir tragen die Sachen ja auch weiter …

WEISST DU WAS, KERL? DU PACKST JETZT DEINE SACHEN, JETZT, SOFORT, LASS DICH HIER NIE WIEDER BLICKEN!

Aber Herr Gosch, hören Sie, ich meine doch nur …
ES REICHT, ZIEH DIE SCHÜRZE AUS!

Ich lege die zwei Bierbänke, die ich noch in den Händen trage, auf den Boden, und gucke in Herrn Goschs Gesicht, das inzwischen die Farbe eines heißgeräucherten Stremellaches angenommen hat: Er brüllt, spuckt, jagt mich quer über den Platz. EINE UNVERSCHÄMTHEIT, brüllt der Wirt des Jahres, ZIEH MEINE SACHEN AUS. Am Kücheneingang bleiben wir stehen, ich ziehe die firmeneigene Schürze und das T-Shirt aus, (LEG DAS ORDENTLICH HIN, DA, DU!), stehe halbnackt vor dem schreienden Wirt des Jahres, zwischen uns nur noch der Schweineeimer.

Ich laufe weg, laufe, so schnell ich kann, das Brüllen wird leiser, am Strand ziehe ich meine Schuhe aus, laufe barfuß im Sand weiter und entdecke im Sohlenprofil meiner Schuhe ein eingeklemmtes Stück Krebsfleisch. Salzig, viel zu salzig.

Andreas Odenwald
Vor Gosch sind alle gleich

Der Lister Hafen, mit seinen bunten Buden, Imbiss-
ständen und Kiosken, mit Kettenkarussell und Mini-
golfanlage einem Jahrmarkt nicht unähnlich, ist das
Revier des wohl ausgeschlafensten und schillerndsten
Sylter Geschäftsmannes der jüngeren Zeitrechnung,
des Fischhändlers Jürgen Gosch. Sein Erfolg bringt
viele Geschäftsleute der Insel vor lauter Neid und
Missgunst um den Schlaf. Goschs Lebenslauf, der mit
viel Glück, unternehmerischer Fantasie und Fleiß zu
tun hat, ist die Geschichte „Vom Tellerwäscher zum
Millionär".

Jürgen Gosch, Jahrgang 1941, ist „vom Festland":
aus Tönning an der Westküste. Der gelernte Maurer
bekam Jobs auf Westerländer Baustellen. Ab 1970 ver-
kaufte er, wenn er freihatte, Aale, Krabben und Heringe am Strand der Inselhauptstadt. Wie jeder Besucher
des Hamburger Fischmarkts weiß, wird ein erfolgrei-
cher ambulanter Fischverkäufer nicht nur an der Qualität seiner Ware, sondern auch an der seines verbalen
Auftritts gemessen. Gosch, so stellte sich schnell
heraus, war diesbezüglich ein Naturtalent, mit einem
durchdringenden kehligen Organ, Schlagfertigkeit
und einem nie versiegenden Reservoir an originellen,
drolligen Sprüchen gesegnet. Bald machte er sich
selbstständig und bot seine Ware vom Wagen an. 1973
wurde er mit einer Fischbude in List sesshaft.

Der nördlichste Hafen Deutschlands, von dem aus
man an klaren Tagen die dänische Nachbarinsel Röm

sehen kann, war bis dahin, was Gastronomie und Entertainment betrifft, Brachland gewesen. Tagsüber brachten der Autofährbetrieb von und nach Röms Hafen Havneby, die Abfahrt und Ankunft der Ausflugsschiffe zu und von den Seehundsbänken im Wattenmeer, das gelegentliche Ausrücken des Seenotrettungskreuzers etwas Leben zwischen die Molen. Hoch her ging es allenfalls abends in der Hafenbar „Knurrhahn", wo dem Vernehmen nach der „Seeteufel" Felix Graf Luckner noch im fortgeschrittenen Alter zu nächtlicher Stunde das Hamburger Telefonbuch mit bloßen Händen zerrissen hatte, um eine Kostprobe seiner legendären Kräfte zu geben. Bis heute hat mir allerdings niemand erklären können, wie die vielen Hamburger Telefonbücher in „Deutschlands nördlichste Hafenbar" gelangten.

Jedenfalls stellte Gosch hier seine erste Bude hin. Gleich nebenan stand noch eine. Die gehörte dem Lister Fischer Franz Mai, einem wettergegerbten Fahrensmann, der den dänischen Behörden ein paarmal unangenehm aufgefallen war, weil er in ihren Hoheitsgewässern fischte. Beide, Gosch und Mai, boten beste Ware an, hielten sich preislich gegenseitig in Schach. Persönlich waren sie einander nicht besonders zugetan. Wenn sie abends im „Knurrhahn" noch einen trinken gingen, schaute jeder dabei in die andere Richtung. Pech für Mai, der eher in die Kategorie „Wortkarger Friese" fiel, dass Gosch witziger war: Der zeichnete sein Krabbenbrot mit Spiegelei als „Liebesteller" aus und brachte ein Schild an mit der Inschrift „Wer keinen Fisch mag, bekommt bei mir auch ein Marmeladenbrötchen".

Dann erschien eines Tages im Feinschmecker oder in Essen und Trinken ein kleiner Artikel, kaum mehr als eine Meldung, über die neue ausgezeichnete Fischverköstigung am Lister Hafen. Vielleicht acht, neun Sätze, von denen einer es in sich hatte: „Nehmen Sie den linken Kiosk, der ist besser." Ein paar Tage nach dem Erscheinen hing der Artikel vergrößert, der alles entscheidende Satz rot unterstrichen, an Goschs Holzwand. Dort hing er so lange, bis Franz Mai endgültig das Handtuch geworfen und seinen Stand an Gosch verkauft hatte.

Gosch wurde zur Kultfigur. Er eröffnete, nicht weit weg, in Hafennähe, ein weiteres Restaurant, das nach einer ähnlich originellen Methode funktionierte wie die Bude: Der Gast bestellt am Tresen ein Gericht, bezahlt vorab, bekommt eine Nummer, kauft sich sein Getränk, sucht sich ein Plätzchen. Wenn das Essen fertig ist, brüllt in der Bude der Verkäufer so laut und so oft die Nummer, bis auch der schwerhörigste Kunde zusammenfährt und freudig erregt seinen Teller abholt; im Restaurant wird das bestellte Gericht an den Tisch gebracht.

Die Erfolgsstory ging weiter, sie geht bis heute weiter, immer weiter, seit dreißig Jahren ein Aufschwung ohne Ende, selbst von vorübergehenden Tiefschlägen nicht zu stoppen. Den Namen Gosch kennt man inzwischen in ganz Deutschland. Er organisierte einen Versand, gründete Filialen in Westerland, in Wenningstedt, im Hamburger Hauptbahnhof, am Kurfürstendamm in Berlin, in Bremen, Hannover und Stuttgart. Eine große Produktions- und Vertriebsstätte in Ellingstedt (Kreis Schleswig-Flensburg) beliefert alle seine Restaurants.

Von der Gemeinde List, die ihm ob der immer kräftiger sprudelnden Gewerbesteuer die Füße küsste, erwarb er die große Bootshalle am Hafen, gleich neben dem Stammsitz. Das war sein größter Coup, und das Geschäft dort gedieh so prächtig, dass er bei der Gelegenheit auch gleich noch die Besitzerin des „Knurrhahns" ... nun ja, die Lister sagen: „weggebissen" hat. Die Summe, die er dafür bezahlte, soll aber „anständig" gewesen sein.

Goschs Angebot ist nach wie vor erstklassig und zieht in der Hauptsaison täglich mehrere tausend hungrige, durstige und gesellige Gäste an. Einträchtig sitzen sie auf den Bierbänken, Schulter an Schulter, wenn die Sonne scheint, auch draußen auf dem Vorplatz: Großindustrielle und Angestellte, Kampener Möchtegern-Playboys, urlaubende Fernsehprominenz, ganz normale Feriengäste und in List stationierte Soldaten. Vor Gosch sind alle gleich. Alle schwatzen durcheinander. Aus den Lautsprechern erklingt Musik, immer wieder die gleiche, kein Rap, kein Techno und anderer „moderner Kram", sondern das Liedgut der Küste: „Rolling Home", „Hamburger Veermaster", „Auf der Reeperbahn nachts um halb eins", „Seemann, deine Heimat ist das Meer", „Junge, komm bald wieder". Wenn, was auch vorkommt, über die Stränge geschlagen wird, dann mit Fats Domino und Elvis Presley.

Bis vor wenigen Jahren trug der jeglichen Gesangtalents unverdächtige Chef, wenn er in Fahrt kam und seinen treuen Kunden die Ehre geben wollte, noch selber Schunkellieder zur Playback-Kassette vor, so seinen Hit „Ein Matjes passt in jedes Portemonnaie". Doch das ist, Neptun sei Dank, vorbei.

Vorbei auch zwei, drei etwas unangenehme Affären, auf die der Sänger einer Hamburger Band, die in der Bootshalle auftrat, mit folgender Ansage Bezug nahm: „Als nächstes Lied spielen wir für Jürgen das Lied ‚Du Schwarzgeld-Zigeuner'." Angespielt wurde damit unter dem Gelächter des Publikums, ohne dass der „Geehrte" eine Miene verzog, auf seine damals inselbekannten Probleme mit billigen Arbeitskräften und dem Fiskus. 1997 wollte ein Ganove, der um Goschs wunde Stelle wusste, ihn erpressen. Gosch aber schlug zurück, zeigte den Erpresser an, der auch verurteilt wurde, und entging unangenehmen Konsequenzen mit einer Selbstanzeige beim Finanzamt. Millionen, so hieß es, sollte er an der Steuerbehörde vorbei nach Luxemburg transferiert haben – und am Tag, als die Angelegenheit in der Sylter Rundschau stand, da griff Jürgen Gosch in seiner Bootshalle zum Mikrofon, stieg auf einen Stuhl, gab zerknirscht zu, Mist gebaut zu haben, bedankte sich bei seiner Kundschaft für das Vertrauen und forderte sie auf, in Zukunft noch mehr Fisch zu essen, damit das Geld, das er nun zurückzahlen müsse, möglichst schnell wieder reinkomme.

Ein anderer, für ihn verdrießlicher Zwischenfall war die Causa Stuckrad-Barre. Der bekannte Jungschriftsteller hatte sich bei Gosch als Aushilfskraft anstellen lassen. Undercover. Niemand wusste, dass er eine Reportage für die Welt am Sonntag im Schilde führte. Nachdem Gosch ihn irgendwann wegen einer Auseinandersetzung gefeuert hatte, erschien die Story mit allerhand unangenehmen Details über nicht gerade schmeichelhafte hygienische und soziale Zustände hinter den Kulissen der Hafenherrlichkeit.

Überstanden hat Jürgen Gosch auch das. Er scheint unangreifbar zu sein. Aber man übersieht dabei, dass die Aura der Immunität, die ihn umgibt, nicht nur auf vergangenen Erfolgen beruht, auf denen sich behaglich ausruhen lässt. Ein Gosch, das muss man ihm lassen, erfindet sich und die Welt, die er geschaffen, täglich neu. Das schließt Lernprozesse ein, auch unangenehme.

Längst könnte der Multimillionär, Herr über ein weitverzweigtes Imperium von fast 20 Geschäften und 300 Mitarbeitern, Ehemann und Familienvater, dem Rentenalter entgegenstrebend, sich nach Florida oder sonstwohin zurückziehen, könnte auf einem schnittigen Offshore-Racing-Boat oder in den vornehmsten Hotelbars dieser Welt Champagner schlürfen, in den Casinos den Croupiers großzügige Trinkgelder in den Tronc stecken.

Könnte.

Stattdessen strebt dieser Mann mit dem zerknautschten Gesicht, den zusammengekniffenen hellwachen Augen und dem inzwischen eisgrauen Seemannsbart immer noch täglich über sein Lister Areal, wo alles einmal anfing. In weißer Dienstkleidung, Wischtuch über der Schulter. Die anderen Futterstellen in seinem Reich scheinen ihn persönlich nicht sonderlich zu interessieren. Unermüdlich beobachtet er, ob die Gäste zufrieden, nein: glücklich sind. Nichts entgeht ihm. Man sieht es ihm an, wie er ununterbrochen darüber nachdenkt, was man noch besser machen kann. Er schäkert mit Kundinnen, vor allem denen ohne männliche Begleitung, klönt mit Gästen und Lister Einheimischen, die bei ihm bechern, bechert manchmal mit und hört zu, was man sich so erzählt: im Dorf, auf der Insel, in Deutschland, auf der Welt. Irgendeine gute Idee kommt immer dabei rüber.

Corinna Dreyer-Vizzi
Ein Kofferraum voller Makrelen

Es war ein schöner Sommertag mit erfrischendem Wind und weißen Wolken. In der Westerländer Schule schauten Anna und Sylke sehnsüchtig aus dem Fenster. Gleich in der ersten Pause verabredeten sie sich mit drei Freunden zu einer Strandtour an den Ellenbogen. Harro hatte schon den Führerschein und fuhr eine himmelblaue Ente. Damit sammelte er alle ein. Mit offenen Fenstern und Californian-Sunshine-Musik ging es Richtung Norden. An der schmalen Stelle am Anfang des Ellenbogens rief Uwe plötzlich: „Anhalten!" Die Jungs sprangen aus dem Auto und liefen auf die Düne. Große Möwenschwärme tummelten sich am Brandungssaum: Das hieß: Makrelen! Die Mädchen fanden sich samt ihren bunten Taschen und dem ganzen Strandproviant auf der Straße wieder. Die Ente wendete und sauste davon. Das war das Ende des ruhigen faulen Strandnachmittags in der wildschönen Schweinebucht.

Es eilte, so ein Makrelenschwarm zieht schnell weiter. Bei einem Freund in der Nähe besorgten die Jungs das Equipment: Angel, Schnur, Haken, Eimer, Messer und Streichhölzer. Schwer beladen stapften sie über die Dünen. Voller Jagdfieber wurden die zwei Angeln klargemacht. Die Mädchen suchten Steine mit einem natürlichen Loch, genannt Hühnergötter. Eine Angelschnur wurde durch das Loch gefädelt, gut verknotet und mit mehreren Haken versehen. Fertig war die

Ersatzangel. Die funkelnden Angelhaken funktionieren auch ohne Köder.

Bald bissen die ersten Makrelen an. Bunt schillernd tummelten sie sich in Eimern mit Meerwasser. Die Mädchen angelten mit den Steinangeln. Sylke war überzeugt, dass das nicht funktioniert. Als es gleich darauf heftig an ihrer Schnur zog, rief sie mit einem überraschten Schrei um Hilfe. Jochen kam herbeigesprungen und wickelte die Schnur schnell auf ein altes Stück Holz auf. Mit beiden Händen musste er es festhalten, denn am anderen Ende der Schnur tobte der Kampf um Leben oder Tod. Langsam hob sich die Schnur aus dem Wasser. An drei Haken hingen gleich fünf schillernde rundbäuchige Makrelen.

Es war wie ein Rausch, das Wasser quirlte zwischen den vielen Fischleibern. Durch den strammen Westwind spürte man nicht, wie die Sonne brannte. Von dem glitzernden Wasser tränten bald die Augen. Die Freunde zogen eine Angel nach der anderen voller Fische aus dem Meer. Harro begann die Fische zu putzen und forderte die Mädchen auf, ihm zu helfen. „Wer angeln kann, kann auch ausnehmen!" Widerstand war zwecklos. Anna und Sylke wurde ein scharfes Messer in die Hand gedrückt. Nun wurde es wirkliche Arbeit. Erst wurde der Fisch ausgenommen, dann rannte man ins Wasser, wusch das Blut ab und warf ihn in die Eimer mit Meereswasser. Es waren unglaublich viele Makrelen.

Trotz der blutigen Arbeit wurden alle langsam hungrig. Sylke und Anna suchten am Dünenrand nach trockenem Treibholz. Uwe entfachte ein kleines Feuer und steckte die ersten Fische auf lange dünne Äste. Bald saßen alle gemütlich mit ihren Stecken um das Feuer. Von den brutzelnden Fischen tropfte es. Zischend loderten kleine Flammen auf. Die Sonne wanderte langsam auf den Horizont zu. Auf dem Meer entstand eine goldene Straße. Es dauerte länger als gedacht, bis die dicken Fische durch waren und sie schmeckten himmlisch. Mehr als drei Makrelen schaffte keiner.

Nach Sonnenuntergang schleppten sie ihre Beute über die Dünen zum himmelblauen Auto. Der ganze Kofferraum war voller Makrelen. Gut gelaunt verteilten die Freunde ihre Beute bei ihren Eltern. Die waren nicht gerade erfreut über den plötzlichen und reichlichen Fischsegen, den ihre Sprösslinge ins Haus brachten. Die Fische kamen in die Tiefkühltruhe und für die nächste Zeit sollte es auf Sylt einige Familien geben, die – wenn Gäste kamen – gern Makrelen auf den Tisch brachten.

Rosa Luxemburg
Krewetten

Brief an Luise und Karl Kautsky

Nordseebad Wenningstedt,
den 8. August 1901

Liebste Lulu!

Es ist zwar erst der 8. und bis zum 11. vier Tage, aber ich will die Sylter Postbehörden nicht in Versuchung führen und ihnen nicht Übermenschliches zumuten, schreibe deshalb lieber heute als übermorgen, damit mein duftender und farbenreicher Strauß von Gratulationen und Wünschen ja rechtzeitig auf Ihren Schoß oder zu Ihren Füßen fliegt. Wenn ich von Düften und Farben rede, so ist das nicht nur auf Ihre Illusion des Gesichts und Geruchs berechnet, sondern setzt auch bei mir – Ihnen zuliebe! – eine sehr angestrengte Illusion derselben Sinne voraus. Wer nämlich nach Sylt fährt, muss allen Farben und Gerüchen auf solange Valet sagen. Können Sie sich eine Insel vorstellen, die so flach ist, dass man den geringsten Turm von einem Ende bis zum anderen sieht, so kahl und entblößt von jedem Baum und Strauch, dass man sich gewissermaßen wie auf einem Teebrett fühlt – kein Grat, kein Blümchen, nichts – rein gar nichts, nur das ewig rauschende Meer ringsum.

    Pardon! Es gibt hier noch eine „Sylter Schweiz", eine Erscheinung, die noch merkwürdiger als die „Teltow-Beeskow-Storkower Schweiz", nämlich eine Kette winziger Dünen, d.h. Sandhügel, auf die zu steigen mein Fuß verschmäht – vor Ehrfurcht für den Rigi, den er einst getreten; es gibt endlich auch einen „Roten Kliff", den anzustaunen man hierzulande vom Abend und vom Morgen kommt und der aus einem etwas spitzen Sandhügel besteht, der weder rot noch ein Kliff ist. Ich habe hier eine Entdeckung gemacht: Die Hälfte allen Wesens, ach was – drei Viertel – ist: der Name. Solange ein Ding keinen Namen hat, und mag es noch so wichtig und gewaltig sein, es existiert nicht, setzt aber einen Namen – einen tönenden, absonderlichen, je wunderlicher, je besser – auf ein Nichts, und die Menschen strömen zusammen, stecken ihre Nasen in die Luft, reißen Mund und Augen auf und rufen: „Wie wunderbar! Großartig!" So mit dem „Roten Kliff".

Manchmal auch umgekehrt. Als ich zum ersten Mal am Strande spazieren ging und wie üblich alle Eindrücke auf einmal in mich aufzunehmen mich beeilte, überall hin meine Blicke sandte, alles betastete, beroch, be… (Karl, ich verbitte mir alle faulen Witze! … Ick kenne Dir, Du …), da bemerkte ich plötzlich, wie aus jeder Welle, die den Strandabhang beleckte und ins Meer zurückeilte, ein zahlloser Schwarm kleiner gelblicher Wesen hervorsprang und auf dem Strand herumhupfte. Es machte mir riesigen Spaß, sie zu fangen, was eine Heidenarbeit ist. Endlich gelang es mir, und ich überzeugte mich, dass es winzige Krabbchen waren, d.h. von einer krabbenartigen Konstruktion, ganz wie die rötlichen Crevettes, die wir essen. Ich taufte sie also für meinen Hausgebrauch „Krewetten" und fing sie nun jedes Mal, wo ich spazieren ging, und beobachtete überhaupt ihr Wesen und Treiben. Nun ich einmal eine solche „Krewette" beim Verzehren einer zweimal größeren als sie selbst Mücke überrascht hatte, zeigte ich das gefräßige Ding einer Dame am Strande und präsentierte es natürlich unter meinem für es erkorenen Namen. „Nein", sagte die Dame kühl, „das sind nicht Krewetten, das sind – Sandflöhe." Sie kennen ja das Gefühl eines Menschen, dem man seine schönsten Illusionen zerstört, ich brauche (es) Ihnen also nicht zu beschreiben. Ich ließ sofort meine „Krewette" fallen, und seitdem meide ich sie und tue, wie wenn ich sie nie gekannt. Brrr! Sandflöhe! Der Stachel steckt natürlich (wie so oft) in der Endsilbe. Nur ein anderer Name, und mich schaudert jetzt vor dem Ding.

Wenn ich Ihnen so viel von elenden Flöhen schwatze, so geschieht es, weiß der Himmel, aus Armut. Wovon soll ich, bei allen Göttern, reden? Man sieht hier ja nichts anderes als Sandflöhe! … Wisst Ihr, was hier das Schönste ist? Die Kühle. Man vergisst förmlich, dass es Hochsommer ist, ich gehe stets im Überzieher. Mein Tag ist bald beschrieben: Ich steh' auf, reiße den Schnabel auf zum Frühstück, dann liege ich am Strand auf dem Bauch, bis Mittag. Nachmittags liege ich aber auf dem Rücken am Strand, bis zum Abendbrot, und nach dem Abendbrot liege ich, wie stets mein Brauch, auf der rechten oder linken Seite im Bett und schlafe. Dass man dabei so allmählich kretinisiert – na, das merkt Ihr ja selbst am Briefe.

Also, Lulu, nochmals, ich gratuliere herzlich! Grüße und Küsse allen, so an mich denken!

Ihre Rosa

Adressen Sie (falls Sie adressieren, was sehr schön von Ihnen wäre):
Frau Dr. R. Luxemburg, Hotel Nordsee, Wenningstedt auf Sylt.

Emil Nolde
Am Westmeer

Ich hatte den Wunsch, möglichst allein und nur beob-
achtend zu leben und zu malen, und besonders gern
wollte ich wieder einmal das Meer in seiner ganzen
wilden Größe sehen und erfassen.

Mit meinen Farben, den Papieren und Leinen war
ich nach Kampen gekommen. Ein Fenster, übers Meer
schauend, hatte ich gefunden, ja sogar in einem Giebel
ein kleines eigenes und schönes Atelier.

Vorerst ein wenig Umschau haltend, kam ich wandernd nach der Vogelkoje mit ihrem knorrigen, ver-
zaust gewachsenem Gestrüpp und dem Allerlei um
den Fänger herum, der mit seinen Lockenten die Hunderte und Tausende, oben vom Nordkap oder von
dort irgendwo kommenden Krickenten in seinem
Netz zu fangen suchte: „Einige der alten lasse ich wieder fliegen", sagte er, „sie kennen den Weg und kommen im nächsten Jahr wieder mit all den jungen – und
wieder lassen sie sich fangen!"

Ich ging während der folgenden Tage noch umher
am Strand am Meer, und in den Nächten mit den Sternen ich sprach, mit den kleinen, den nahen, den fernen, den tausend Lichtjahre fernen.

Ich frug, ob sie uns Menschen wohlgesinnt seien,
ob sie uns beeinflussend beglücken und ob sie mit
ihren fernen Schwingungen Menschenschicksale mit-
bestimmen? –

Wir Menschen sind alle den Sternen gut …
Was fruchtet alles Denken.

Manche, die im irdischen Irren und Wirren sich nicht zurechtfinden, flüchten gern in die vielfachen Gebiete religiösen Glaubens oder auch schwärmend zu den unendlich fernweltlichen Sternen.

Nicht Zerstreuung ich suchte, sondern Sammlung.

Einige Tage vergingen, und dann in Erwartung des sich Gebenden stand ich zeichnend und malend.

Es war, als ob die freie Luft, der salzige Geschmack, die tosenden Wogen mich spornten und beglückten.

Herzlich frisch und stärkend war der Wind, die Wanderungen auf dem festen Sand das Meer entlang meine Lust.

Ich war aufgetan, wie blühende Blumen zur Sonne es sind, künstlerisch empfänglich jedem Laut und jeder kleinsten Anregung.

Die Wogen, ihr Grollen, die Wolken vor und über mir, der Strand, die Dünen, das graue Gras, es alles war mein.

Und die Menschen, die schwammen und tauchten und spielten und liefen umher, fast ganz der Kleider entblößt.

Die Schönen, die Schlanken, die Dicken, die Krummen, die Mädchen und Männer, die sonst in ihren Kleidern sind.

Ich vermochte es kaum zu ertragen, was allen anderen so hübsch und frei, gesund und herrlich selbstverständlich schien.

Wie ein Trunkener lief ich stundenlang den Strand entlang oder durch den flüssigen Sand der Dünen, meine Gesänge schreiend, wo es einsam war, schreiend mit den Möwen, die auch so schreien. Seltsam zuvorkommend waren mir manche Menschen, mich anredend, freundlichst mich suchend, Männer und Frauen, wie nie unter Fremden in der Fremde ich es erwartete oder sonst erfahren hatte.

Sie legten einen Nimbus um den Künstlernamen und schauten mich prüfend seltsam an, als ob ich ein anderer sei als die vielen anderen Menschen.

Ich begriff alles kaum und nahm es hin, gelassen bewegt, wie auch meine Farben es waren, ob ich die graugrünen Dünen malte, das tosende Meer oder die Menschen.

Gespräche sich gaben und Diskussionen. Einblicke erhielt ich in manche Ereignisse und in die ganze tiefe, leichte, glückliche und unglückliche Menschheit, wie sie auf Erden lebt und leidet.

Menschen und Menschen sind meine Bilder in ihrer aller Verschiedenheit, ihrem Aussehen, ihrem Gewand, ihrem Charakter, ihrem Seelenleben.

Einen Pianisten mit seiner Löwenmähne malte ich während seiner eigenen Akkorde, und auch die herrlichen Kompositionen unserer großen deutschen Musiker den Raum füllten.

Kinder malte ich, wie kleine Tierchen im graugelben Sand krabbelnd, am Strand laufend, in den Wellen plätschernd.

Blumen brachten mir junge Menschen, so schön wie dort sie selten sind, ich konnte sie brauchen für meine Bilder. Ich malte, was sich vor meinen Papieren und Leinen zeigte: die Wolken, die Wogen, eine Dünenfantasie und dann meine leidenschaftlichen Meerbilder mit Sturzwellen und Gischt.

Ich sah die erregte und wilde Schönheit, die abends ihre Feuerfinger über den Himmelsbogen ziehen lässt in letzten schwebenden Wolkenstreifen, in loderndem, glühendem Farbenwechsel vergehend.

Ich fühlte die Schwüle der Stunde, ich fühlte sie wie Glut und Funkensprühen, malend, malend in naturgetreuer, gehorsamster Empfindsamkeit, wie erhaltenen Befehlen gehorchend.

Und dann ging es den langen, langen Weg der Westküste entlang auf dem glatten Sand am Strand, bis wieder ich zurückkam zu meinem lichten, lieben Bilderraum, müde, müde.

Am folgenden Tag stand ich wieder malend, getreu wie ein Tagelöhner alle Tage, alle Stunden, bis wieder wandernd ich ging bis nach der Spitze von List, zu dieser seltsamen schweren menschenleeren Natur mit dem drohenden, gellenden Geschrei der Raubmöwen.

Monate waren vergangen, die vielen Menschen verzogen. Es ging gar schnell. Ich war fast ganz allein noch geblieben. Der Herbst war gekommen, die Tage kurz. Gewitterwolken kamen gezogen mit Hagelschauern, – die Blitze fahrend ins Meer.

Mein Sinnen war stumpf, mein glücklicher Frohsinn vorbei, wie im Lebensherbst es oft und quälend so sein kann. Sechs Meerbilder hatte ich stehen in Farben nass und fertig, fast fertig, bis zur Ekstase daran noch arbeitend und immer, immer wieder sie prüfend anschauend.

Ich stand am Strand mit breiter nackter Brust dem Meer gegenüber und dann in die Lappen gehüllt, die wir Kleider nennen. Ich stand im Sturm mit knirschendem Sand zwischen den Zähnen. Und dann wieder war ich melancholischen Grübeleien verfallen, träumend hin und her in dumpfen Sinnen. Ich ertrug den grauen Herbst und die Schwere der Einsamkeit nicht mehr.

Ein Wilder läuft den Strand entlang im weißen Nebel, der den Wogen folgt.

Die Brecher grollend glitten schäumend hoch, im Sand hinan, ihre großen nassen Bogen zeichnend, wie Schuppen übereinander hinlegend. Die grau-gelbe Gischt springend, sich überschlagend, endend zwischen den gepeitschten Strandhalmen.

Ich ging, ich lief, es war kalt, an den grausig ausgestorbenen Gasthäusern vorbei, nach meinem Raume hin mit seinen Bildern drin.

In den Nächten spürte ich den blassen, kalten Mond, im Schlaf und Traum mich störend, und die Leuchtfeuer blinkten.

Wein trank ich, als ob ich Trinker wäre. Und schrieb Zettelchen, lose schwebende Empfindungen:

„Für den Künstler ich ringe. Die Kunst bleibt und ist unendlich viel mehr als das bisschen Mensch, das ich bin."

„Das augensinnlich Geschaute vergeistigt neu entstehen lassen, das ist die Gunst meiner Gabe, mein Glück."

„Ich bin nicht nur für mich da, bin da für meine Kunst und für die Menschen – bescheiden dienend."

Es war fast ganz wie einst, als ich auch am Westmeer wohnend die ganze Schwere der Einsamkeit nicht zu ertragen vermochte, bis dann ich hinüberglitt zu der Geliebten meiner Seele, meines Lebens.

Es waren Spannungen, Spannungen damals und jetzt, die den Künstlermenschen hinwerfend bedrohen, beglücken oder töten, alles an der Grenze – wo der Bogen biegt oder bricht.

Die Menschen haben es leicht, die langweilig sind im Sein und Denken, die Kälte, Glück und Feuer nicht kennen.

Wehmütig dachte ich übers Wattenmeer hinweg, hinüber, wo daheim auf unserem Seebüll meine Geliebte war, mit fremden Menschen sich mühend und sehnend sich nach ihrem Maler, der viel und viel zu lange in der Fremde blieb.

Die Vogelkoje mit ihrem verträumten Zauber besuchte ich noch einmal und dann, es war genug. Unfertig blieb mein letztes großes Bild: Es waren die verschwundenen vielen plätschernden, jubelnden, Erfrischung suchenden Großstadtmenschen, die Badegäste, die ich möglichst viele auf mein Leinen hinmalen wollte, dessen Breite aber nicht genügte, und ich schnitt einen Teil wieder weg.

(...)

(1930)

Fritz J. Raddatz
Ein Wunder namens Sylt

Dinieren Möwen? Küssen Quallen? Wispern Igel? Jedenfalls ist es ein eigenartiges Bild, die Möwen – exakt zu den wechselnden Gezeiten – bei Niedrigwasser an den muschelverklebten Buhnen hocken zu sehen, eine weißgefederte Welle, die sich im Rhythmus der Wogen hebt und senkt, von der Tafel aber nicht ablässt. Jedenfalls ist es ein eigenartiges Spiel, das die Quallen mit ihren rosageränderten „Lippen" bieten, fließend aufeinander zu und voneinander weg; tanzen sie ihren Wogen-Tango aus Wollust?

Jedenfalls ist es von erstaunlicher Gemütlichkeit, wenn die September-Igel – wie verabredet – gegen Abend gemeinsam aus ihren Verstecken hervortrippeln und, sich ihrer Stachelwehr bewusst, Pfade und Wege überqueren.

Sylt ist ein nicht enden wollendes, sich ständig erneuerndes stetes kleines Wunder: ob die zartlila Dünenveilchen – winzige Biedermeier-Stiefmütterchen – im vom Sonnenglast ausgedorrten Sand, der bunte Schatten, den die im rasenden Frühjahrswind grün-gelb-orangefarbenen Splitterscherben von gegeneinander scheppernden Ostereierbäumen werfen, oder der bleiche Finger des Leuchtturmfeuers, der durch den Novembernebel streift, als wolle er die Dünengespenster herbeistreicheln.

Manchmal, in den Sommernächten, gibt ein schweigendes Meer weit draußen Sandrippen frei, der Wind schält Fetzen von der Haut des Meeres, und die winzigen Vögel, die Strandläufer in ihrer possierlichen Emsigkeit, bilden ein flatterndes Hohlsaummuster; manchmal hängen die Regentropfen wie Glasperlen im windgeschützten Dünengras, und dann wieder rinnt der Tau an den roten Hagebutten im Zwergenwald mit seinen kleinen kandierten Äpfeln wie flüssiger Zucker herab.

Das Meer erzählt seine Märchen, sie haben je einen anderen Klang, eine immer andere Farbe, wechselnd zu jeder Jahreszeit. Mal sieht man, bei Pulverschnee, muschelförmige weißgepuderte Fußabdrücke – die aber, als seien die Spaziergänger entschwebt, nirgendwohin weiterführen dort, wo kein Schnee hinwehte, in jenen hohen Himmel, an dem die Möwen kokett protzig blitzenden Lalique-Schmuck tragen: Das sind die gefrorenen Seesternchen, in deren Eisschicht sich das Licht der fahlen Wintersonne bricht. Ja, die kalte Wintersonne; ihr rufen die weißgeplusterten Wogen zu: „Komm, kühle Scheibe, wir hüllen dich ein, unsere Steppdecke wird dich wärmen." Die kühle Scheibe aber schneidet lieber ihre tiefschwarzen Schatten in die Dünen, dräuende Segel der Seeräuber, die wohl in der Nacht vor Heiligabend die Diamanten, Picasso-Lithos und das Sèvre-Porzellan rauben werden, die unter den Weihnachtsbäumen der Strandvillen liegen sollten.

Die ständig wechselnde Naturwelt ist das Raunen von Sylt, dem ich verfallen bin: Es kann dünn und kärglich sein im kaum sich hervorwagenden Vorfrühling, wenn über dem schlohweißen Strandhafer – kein Bleike Bleikensen kann so blond sein – die ersten hellgelb-grünen Weidenkätzchen nach der Sonne lecken und die nachgepflanzten Bäumchen mit ihren drei Kummertrieben sich in Plastikschatullen verstecken, der Kaninchen wegen. Sylt kann theatralisch sein, etwa ein schwarzes Paillettenkleid, leicht grünlich schillernd im abendlichen Mailicht, eine Abendrobenkrinoline, die sich im Spiegel des Wassers wiegt: die muschelbewachsenen Betonpfeiler der Buhnen. Und es kann rauschhaft sein, Sylt im Juni: eine ganze Insel duftet nach Rosen, die Lupinen – wohl außer Dahlien die einzige Blume, die an einem Blütenstand verschiedene Farben trägt – in ihrem Goldorange mit Lila, Rosa, Weiß, Gelb und Bordeauxrot fast künstlich prunkend, während Keitum (das Dorf, in dem sich einst Kapitäne zur Ruhe setzten, im 18. Jahrhundert Hauptort der Insel, die nur per Postsegler oder im Winter mit dem Eisboot zu erreichen war) im vielfarbenen Kissen aus blühenden Kastanien, Flieder, Rhododendron, Klatschmohn und Weißdorn ruht: ein Juwel in schimmerndem Blütensamt, darüber Wasserfälle von Goldregen.

Doch Märchen, bekanntlich, können auch giftig sein. Hat man sich eben noch staunend erfreut an Pflanzen, deren Namen aus versunkener Zeit herüberzuklingen scheinen – Krähenbeere und Glockenheide, geflecktes Knabenkraut und Lungenenzian, Ährenlilie und Besenheide, Strandsalzmiere und Sonnentau, Bergsandglöckchen und Sumpfbärlapp –, kann man sich schon in der Hautklinik wiederfinden: Der so prachtvoll sein betörend duftendes Blütendach über sich wölbende Bärenklau ist so giftig, dass nur Feuerwehrleute in Spezialkleidung ihn roden können – einen Stiel mit der Hand gebrochen oder nur die scharfzackigen dekorativen Blätter gestreift, und schon erleidet man schwerste Hautverbrennungen.

Da widersteht man alsbald der adoleszenten Begierde, die blonden Kornähren auf den spätsommerlichen Äckern zu Zöpfen zu flechten, steht lieber in gesicherter Entfernung, um die zotteligen Galloway-„Bären", mächtige schwarzgelockte Rinder, beim Weiden zu beobachten – oder ein Apfelschimmelfohlen, so niedlich-ungelenk vor dem schwarz-weiß gestreiften Leuchtturm von Kampen, als habe die Kurverwaltung es eigens dort hingestellt. Im September dann, unter der schon müder werdenden Sonne, verändern sich die Wiesen zu Baumwollfeldern aus Mississippi – die hoch wogenden Disteln haben puschelige weiße Flocken angesetzt; wer Glück hat, kann kleine stämmige Pferde – welche Rasse mag das sein? – beobachten, die dazwischen in Pampuschen einherstapfen; sie haben an den Fesseln zottelig wehendes Fell.

„Sylt ist tausendmal schöner als Wangeroog", schreibt schon Siegfried Jacobsohn 1920 an Kurt Tucholsky, „und ebenso viel mal mehr Nordsee"; und nach einem Besuch Thomas Manns in seinem Haus in Kampen schreibt der Kritiker, der sommers seine „Weltbühne" von hier aus redigierte: „Tatsächlich hat ja Westeuropa zwischen Hammerfest und Gibraltar nicht ihresgleichen" über die Insel, der er „Sonne und Seligkeit" verdankt; schon die Anreise – damals noch per Schiff – versetzt den gewieften Berliner in eine Art Taumel: „Für die Überfahrt übers Wattenmeer geb ich das ganze Engadin hin und bin meines Handels froh. Ich bin so berauscht, daß ich keine drei Minuten fest auf dem Stuhl sitzen kann."

Ob man seinerzeit am Hafen von Munkmarsch die Ankömmlinge schon mit jenem legendären, Neulinge nach wie vor verblüffenden „Moin, Moin" begrüßte, dessen Herkunft wie Bedeutung höchst umstritten ist? „Guten Morgen" heißt es nicht, auch wenn Besucher, denen des Landes Brauch fremd ist, sich über diesen Gruß, wenn am späten Abend dargeboten, bass verwundern. Die eine Erklärung sagt, die Redewendung käme von der Seefahrt her und bedeute „guten Wind", eine andere, es sei von dem dänischen Mojen abgeleitet; umstritten ist auch, ob die Wortkargheit der Nordfriesen es auf ein einmaliges „Moin" abgekürzt hat, weil diese gern mit einem geringen Wortschatz, also auch mit einer Kürzestformel der Begrüßung auskommen und „schön" auf friesisch „moi" heißt – an der allzu weitschweifigen Doppelung erkenne man die Leute aus so fernen Ländern wie Schleswig-Holstein oder Hamburg.

Indes wiederum meine Sylter Autowerkstatt mit einem aufgedruckten „Moin, Moin" auf der Visitenkarte wirbt. Wie auch immer. Aber was mag es nun sein, was seit vielen Jahrzehnten – schon der neben Rosa Luxemburg Mitbegründer der Kommunistischen Partei, Franz Mehring, war Anfang des 20. Jahrhunderts viel, lange und gern auf Sylt – ganz besonders zahlreich Intellektuelle, Künstler, Schriftsteller auf diese Insel zog? Ist es jener Einsamkeitsmagnetismus, wie ihn Alfred Andersch schildert, der das Eiland mit den Felsen von Cap Finisterre und den schweigenden Reihern der Camargue vergleicht? „Ich ziehe mich gern in Wildnisse zurück. Ich meine damit die Uferlinie des Wattenmeers bei Kampen, sich zu den Dünen aufschwingend, hinter denen der Donner der Oktoberbrandung sich ankündigt."

Gewiss, gewiss: Nun sind wir ja alle so förchterlich weltbiforne „Snobs" (wenngleich viele nicht wissen mögen, dass der Begriff sich von „sine nobilitate" herleitet) und wissen also, dass der Barkeeper des Rainbow-Room hoch oben im Rockefeller Center von New York die besten Martinis mixt, wie wir für den Skiurlaub das „Hotel Zürserhof" in Zürs wegen seiner Suiten mit eigenem Kamin empfehlen können; dass Saint-Germain-des-Prés so „out" ist wie St. Tropez oder Acapulco, ist uns geläufig wie die Tatsache, dass das „Eden-Roc" in Cap d'Antibes den größten Swimmingpool an der Côte d'Azur hat oder man auf Teneriffa das „Gran Hotel Bahia del Duque" wählen sollte, allein wegen der Auswahl zwischen vier verschiedenen Kopfkissensorten.

Das „Belle Mare Plage The Resort" auf Mauritius muss nicht eigens erwähnt werden, jedermann weiß, dass die stets lächelnden Hotelboys – wenn schon nicht sich selber – zur Nacht Rosenblätter auf das Laken legen. Doch gern bekenne ich mich schuldig; denn keineswegs bin ich nur der leicht hinkende weißhaarige Alte, der in verbeulten Cordhosen in Kampen durchs Dorf schlurft; auch fahre ich keine Ente, esse sie vielmehr lieber bei „Stricker" à l'Orange; die allerdings fliegt in erbitterter Konkurrenz zu den hausgemachten Lammbratwürsten des fabelhaften Jörg Müller.

Mit Vergnügen beobachte ich in der etwas schummrigen Bar des „Gogärtchen" aus diskreter Entfernung – stets liebevoll umsorgt von Chef Rolf Seiche –, wie die Herren Otto vom Otto-Versand und Jauch von RTL die Köpfe zusammenstecken. Möchte man wissen, worüber sie plaudern? Nein. Ja. Nicht weniger gern lasse ich mir von Annegret Sievers bei „Fisch-Fiete" in Keitum den legendären Butt à la Felix servieren, der 24 Stunden lang vorbereitet werden muss. Mindestens so wohlig-gemütlich ist es bei Herbert Seckler in seiner Skihütte namens „Sansibar" in den Rantumer Dünen, da setzt sich der vielfache Familienvater wie ein rücksichtsvoller Freund für siebeneinhalb Minuten an meinen Tisch und hält mich davon ab, zu dem von mir bevorzugten Black Snapper einen zu teuren Wein zu bestellen; besonders gern höre ich natürlich, wenn der Kellner mir gelegentlich bedeutet: „Heute keine Rechnung, sagt die Chefin, wegen dem Buch ..." – und das war dann eines von mir, das ich ihr beim letzten Mal mitbrachte und das die Leseratte Helga Seckler gerade durchgeschmökert hatte.

So sind wir also kenntnisreich. Und allerlei Kenntnisse über Sylt erreichen uns im Rhythmus der bunten Banalität: alle Jahre wieder die Hochglanzmagazine mit ihren Glitzerchen und Fünkchen der illustrierten Milchstraße. Sylt: Das sind durchtanzte Nächte; Kampen: Das ist dort, wo der Champagner den Reitern aufs Pferd serviert wird vor den parkenden Ferraris, Lamborghinis und Maseratis. Tatsächlich gibt es nach wie vor eine klischeesüchtige Klientel, Kreissparkassendirektoren mit zu grünen Jacken, zu blonden Zweitfrauen und zu roten (Leih-)Wagen, die sich die

Hälse verrenken – schon vormittags beim Sekt – nach „Prominenz". Als seien die sagenumwobenen Gunter Sachs und der kürzlich verstorbene Peter Boenisch nicht inzwischen weißhaarige Herren, recht stämmig geworden. Das ist, mag sein, auch Sylt. Mein Sylt liegt Lichtjahre entfernt; will sagen: beginnt ziemlich genau fünf Gehminuten von Kampens „Whiskymeile" entfernt. Als sei da ein Zaun gezogen mit dem Schild „Zutritt verboten" – so jäh einsam ist bereits der Weg zum und am Kampener Watt. Da umfängt den Spaziergänger eine geradezu bestürzende Stille.

Anders als am meist brandungswütenden Meer herrscht hier zur „L'heure bleue" – je nach Jahreszeit mit unterschiedlichem Beginn: Mai und Juni erst spät, so um 19 Uhr herum, im September schon am Nachmittag – eine Art vielstimmiges Schweigen, dessen Wispern sich zusammensetzt aus dem Schirpen des Schilfs, dem schleifenden Flügelschlag der Möwen, dem Gunksen des auf dem Sand spielenden Wassers; „die Rille unbelauscht", schrieb Paul Celan einmal.

Schwer zu definieren, worin das Betörende, die Melancholie dieser meist menschenleeren Landschaft besteht, deren Horizont sich im Frühsommer unendlich dehnt – der Himmel gleicht dem Perlmutt einer umgestülpten Riesenmuschel, graugrün und mit zarten Fäden von Rosa und Violett durchzogen. Dünen gibt es auch anderswo, Möwen kreischen an jedem Meer, und auch Ginster soll, wie man hört, in anderen Landschaften blühen. Und dennoch: Diese Mischung aus südlichem Glast, wenn die Sonne die Luft über den endlos scheinenden Stränden sirren macht, und nördlicher Störrischkeit (nirgendwo, so scheint mir, hat der Ginster so harte, spitze und lange Dornen) – diese Mischung öffnet der Seele Fenster. Es ist nicht die – wahrlich schöne – Weichheit der lavendelduftenden Provence, wenn im Juni die ganze Insel erfüllt ist vom Duft der blühenden Heckenrosen, und es ist auch nicht die – wahrlich bizarre – surreal anmutende schwarze Härte der Lavastrände von Lanzarote, wenn sich bei Niedrigwasser die Sandbänke wie dunkel glänzende Wale hervorbuckeln und hochmütig nickend die Austernfischer mit ihren roten Beinen darüber hinstelzen. Es ist, was es vielleicht gar nicht gibt: deutsch undeutsch. Diese morgendlich herankriechenden Seenebel, gegen Mittag von der Sonne aufgeleckt; diese lila mit Heidekraut wattierten Mulden, in denen abends pünktlich die Kaninchen äsen; und diese Greisenfalten des Roten Kliffs, die Jahr um Jahr tiefere Furchen zeigen: Das gibt es nur einmal auf der Welt.

Das Ganze ist mehr als die Summe seiner Teile. Wo gäbe es das nicht auch: Vollmondnacht, Gischt und Tanggeruch. Aber wie hier, am Kliff von Morsum, plätschernd das Wasser nach einem grapscht, eine unheimlich singende Meeresversion des „Erlkönig" erklingen lässt; und wie hier der Himmel aufgerissen wird, schweigend und zerspleißend zugleich wie Seide, wenn die Vögel im Naturschutzgebiet des Rantumer Beckens ihn schneiden: Das gibt es nur hier auf der Welt. Vor Jahren war auf Sylt ein grimmiger Winter, meine Haustür vom Schnee zugeweht und die Wasserleitung zerfroren. Ich hatte einen Gast aus Spanien. Wir gingen am Kampener Strand spazieren, entlang einer zwei Meter hohen Wand aus grünem Glas; das waren die gefrorenen Wellen, durch die eine tief stehende fahle Sonne schien, von der aufspritzenden Gischt immer wieder verwölkt. Da sagte der Herr aus Andalusien, einen Tag vor der Rückreise nach Berlin: „Morgen fahre ich nach Deutschland zurück."

Britta Boerdner
Der Blick von unten

Da ist er ja wieder. Der große Blonde. Bruno. Liegt hinter den Geranien, sieht mich, springt auf, bellt und stößt dabei zwei der Töpfe um. Wenn ich mich jetzt bewege, wird er komplett durchdrehen. Wegen der Geranien und der Lautstärke wird das Ganze natürlich ein Nachspiel haben. Ich kenne das schon. Und gerade, als ich mich zum hundertsten Mal frage, was Geranien hier zu suchen haben, wir sind auf Sylt und nicht am Gardasee, und mich dabei ein bisschen recke, um den Blonden aufzustacheln, kommt sein Frauchen aus dem Wohnwagen und ruft ihn zur Ordnung. Kennt auch er schon. Legt sich wieder hin. Blinzelt betrübt. Lässt die Augen wandern. Lieb irgendwie. So naturverbunden, allein schon die Farbe. Obwohl ich ja denke, dass Golden Retriever gar keine Hunde sind, sondern eine Backmischung von Amazon. Groß in Mode hier, egal, wohin man schaut. Ein Retriever lugt über jeden Dünenkamm. Man kann sich gar nicht so schnell aus dem Staub machen, wie sie herzig jedes Sandkorn einzeln anbellen. Ich wackele ein wenig mit meiner Blume, und Bruno stößt seinen Wassertrog um.

Irgendwie wirkt Bruno etwas zu modern neben dem Hymer-Wohnmobil aus den Neunzigern. Er gehörte besser zwei Stellplätze weiter, dorthin, wo eines dieser Riesenteile steht. Megaliner. Große Fahrt und so. Großer Geldbeutel auch, sieht man schon von weitem. Da sind dann die drinnen, die simulieren, sie könnten auch zum Nordkap. Aber hier jetzt erstmal der große Preis des männlichen Publikums. Fachsimpeln bis zum Sonnenuntergang. Genau so fehl am Platz wie Bruno erscheint mir allerdings auch sein Frauchen. Ein bisschen wie er. Blond, langbeinig und schon etwas jenseits des besten Alters. Um Augen und Mund ein wenig kalkig, als hätte sich die Sehnsucht nach einem anderen Leben gehalten.

Der Hund hält die Schnauze, und sie schüttelt einen Vorleger aus, der auf der Kunstrasen-Terrazza liegt. Oberste Regel des Camper-Lebens: kein Gang mit leeren Händen. Dass sie nicht zufrieden ist, sehe ich ihr an. Nach dem Abendessen fährt sie immer allein mit dem Fahrrad zum Weststrand und macht Fotos. Schaut übers Meer und träumt, während im Wohnmobil die „Tagesschau" läuft. Ich bin ja ziemlich weitsichtig, und während ich jetzt Bruno und Frauchen so von jenseits des Wegs gegen den Himmel betrachte, verschmelzen ihre Gesichter, sandfarbene Frontale und braungebranntes Profil, für einen Augenblick zu dem vollkommensten Ausdruck von Resignation, den ich jemals auf dem baumlosen Rantumer Campingplatz gesehen habe.

Mein Revier ist die schmalste Stelle der Insel, das Rantum-Becken. Schön übersichtlich. Ich bin halt mehr so der konventionelle Typ. Bei mir weiß man, woran man ist. Ohne Firlefanz. Sauberkeit ist mein A und O, Lärm und Hektik kann ich nicht ausstehen. Zur einen Seite habe ich den Deich im Blick, auf der anderen bringe ich die Hunde auf dem Campingplatz aus der Fassung. Wenn ich das erledigt habe, ziehe ich weiter zum „Dorfhotel", das schließt an den Campingplatz an. Dort sind Hunde so willkommen, dass sie drinnen bleiben, wenn die Familie einen Fahrradausflug macht. Man kann prima zu den bodentiefen Fenstern reingucken, klappere ich nacheinander ab. Das Dorfhotel ist in Reihe hochgezogen. Seit es da ist, weiß ich, nicht nur wir fühlen uns im Siedlungsbau wohl.

Manchmal stelle ich mir allerdings vor, ein Sturm würde alles wegfegen, oder ich wäre mit übermäßigen Kräften ausgestattet und könnte alles ins Meer rutschen lassen, was mir nicht gefällt. Na ja, ist ja auch so nur eine Frage der Zeit. Wenn ich mir drei Dinge wünschen könnte, die verschwinden, wären das: Erstens die Hunde (wegen Hektik); zweitens das Dorfhotel (wegen mediterraner Fassadenanstriche. Noch schlimmer als Geranien); und drittens Westerland (wegen allem).

Ja, ja, Westerland. Ich schau aus der Ferne zu. Großes Kino. Stündlich rollen die Züge über den Bahndamm, und die Touristen deuten zum Fenster raus ins Nichts. Am Westerländer Bahnhof verliere ich sie erstmal aus den Augen, so nah geh ich nicht hin. Stelle mir vor, wie sie über die Ampel am Bahnweg in die Wilhelmstraße pilgern, dann die Friedrichstraße hoch und endlich ran an die Strandpromenade. Dort kann man sie dann beim Akklimatisieren beobachten. Den Möchtegern-Dandy in cognacfarbener Hose, die blaugrauen Rentnerinnen mit Zigarette, schweigsame Ehepaare mit dem ersten Prosecco vor sich auf dem Tisch. Als Rastafarians verkleidete Surfer oder umgekehrt. Und trotzdem sind irgendwie alle gleich, noch gleicher sogar als die auf dem Campingplatz. Obwohl man gar nichts gegen den Einzelnen einwenden kann. Ist bestimmt ein jeder eine Seele von Mensch auf seine Art oder ein Unikum, das sein Leben zu genießen weiß, weil es sich das vorgenommen hat und nicht sterben möchte. Manchen genügt die Meeresfrüchteplatte mit Rösti für einen spannenden Tag, andere kaufen sich ein Haus und bauen es um. Schöner ist nirgendwo, teurer auch nicht, schreiben sie dann auf Postkarten und hoffen, die Zuhausegebliebenen denken, das habe irgendwas mit Jet Set zu tun. Stellen Fotos ins Netz, aus dem Sightseeing-Bus aufgenommen, als man in Kampen an der Kreuzung zur Whiskymeile stand und es aufregend wurde. „Glaube, ich habe Günther Jauch gesehen", schreiben sie dazu. Verschweigen aber, dass der Busfahrer sagte, man erkenne hier keinen, denn hier seien alle ungeschminkt. Und dann haben sie ganz doll in Richtung „Gogärtchen" gelacht. Haha. Hahaha.

Woher ich das weiß? Ich bin überall. Ich lese alles, was mir vor die Pfoten kommt, ich stehe am Wegesrand, ich schaue heimlich zu den Fenstern rein. In die Pensionen, in denen diejenigen seit Jahren vor den Fernsehern sitzen, die hoffen, dass alles bleibt, wie es ist. In die Fenster des Dorfhotels, wenn die Väter die Laptops anwerfen und sich endlich einmal Ruhe wünschen. Meine Meinung? Jeder hat das Recht auf sein eigenes Sylt. Auch wir.

Wenn mir alles zu viel wird, mache ich Ausflüge. Bisschen zwischen den Dünen rummachen, bisschen schauen, was so läuft, irgendwo was futtern. Für die Entspannung besuche ich die Sansibar. Unser Höhlensystem ist optimiert, vom Rantumer Bushäuschen bis zum Weinkeller unter den Dünen gibt's 'ne Rennstrecke. Auf der Sansibar-Terrasse sitzen auch die Langbeinigen, aber hier sind sie nicht frustriert. Gehen abends zum Sundowner hoch und kommen wie heilig gesprochen wieder zurück. Sehen eigentlich ganz nett aus. Kinder sind auch stiller hier. Schauen nur immer über alles weg, über die Dünen, über uns, übers Meer. Als wär's klar, dass es für sie da ist. Die Kinder werden viel fotografiert. Stell ich mich extra dahinter auf. Photo-Bombing. Polohemdchen, Kinderkopf mit Erwachsenenfrisur. Die Hasenohren sind dann von mir. Späßchen. Wenn es dunkel wird, gehe ich wieder runter zum Parkplatz, denn persönlich bin ich ja ein großer Radkappen-Fan. Lamborghini, Maserati, Hastenichgesehen. Bentley ist mein Favorit, die alten, bei denen die Radkappe noch die ganze Schüssel ausfüllt. Ist ja dann auch ne schöne Atmosphäre, so friedlich und harmonisch, wenn freitagabends der letzte Flieger von Hamburg seinen Streifen über den Abendhimmel zieht und der Asphalt auf dem Parkplatz noch warm ist. Wenn sich dann noch die Scheinwerfer in den Radkappen spiegeln, ist die Party perfekt. Fühl ich mich geradezu beschwipst von dem ganzen Chromgeblitze. Parkplatz-Kirmes vom Feinsten, sag ich da nur.

Morgens geht's dann schon wieder andersrum. Dann radeln sie auf Teufel komm raus. Deich-Karussell, von früh bis spät. Kommen von allen Seiten und man selbst kommt zu nichts. Bunte Sneakers, dass es einem vor den Augen flimmert, verbissene Gesichter über Tandemgestängen. Dreijährige mit Rückenwind auf Kinderrädchen, Oma und Opa, die mit Matjesbrötchen winken. Schon mehr als einmal hat mich ein weggewehtes Sonnenhütchen umgemäht. Aber ich kann nicht anders, ich muss hingucken. Immer rundherum, bis mir schwindelig ist und ich ins Fantasieren komme. Den Schafen scheint es ähnlich zu gehen, manche liegen da wie umgefallen. Manchmal stelle ich mir vor, einer der kleineren Hunde könnte am Weststrand abheben und übers Meer fliegen, flappende Ohren, ins Leere schwingende Leine, volles Programm. Am besten ist es, wenn Sturmflut angekündigt ist und der Wind über die Marsch pfeift. Dann schaue ich mir aus geschützter Lage den ganzen Schlammassel an, und, wenn ich Glück habe, sehe ich Abfalltonnen gegen einen Hymer fliegen, das Hinweisschild des Dorfhotels umstürzen, schaue Regenhüten hinterher, die von einer Böe gegen den dunkelblauen Himmel in Richtung Keitum oder Föhr davon getragen werden. Dann träume ich, alle würden niemals wieder kommen.

Weil aber meistens nichts so schnell geht, wie man es gern hätte, haben wir beschlossen, etwas nachzuhelfen. Denn, meine Damen und Herren, Freunde der Natur, kommen wir mal auf den Punkt: Das alles muss ein Ende haben.

„Kaninchenplage: Kleine Tiere, große Schäden", hat die Sylter Rundschau im Sommer getitelt. Ist mir zufällig vor die Füße geweht, als ich mich in Rantum hinter dem Lebensmittelladen herumtrieb. „Wer auf Sylt unterwegs ist, sieht sie überall: in Keitumer Gärten, in den Tinnumer Wiesen oder auf dem Golfplatz in Morsum. ,Das war schon immer so', sagt Manfred Uekermann, der stellvertretende Kreisjägermeister. ,Neu in diesem Jahr ist jedoch die übergroße Anzahl der Kaninchen.'", stand da. Uekermann, du bist uns auf der Schliche, dachte ich mir. Habe es auch gleich weiter erzählt. Seitdem ist alles ein bisschen straffer organisiert auf unserer Seite. Müssen noch mehr nachts arbeiten und tagsüber schlafen, dann seht ihr uns seltener.

Was ihr nicht wisst: Wir sind weiter, als ihr denkt. Unser System ist ausgeklügelt, wir haben Pläne. Was ihr oben errichtet, untergraben wir. Die Lister Wanderdüne? Tagebau. Wenn ihr die große oder die kleine Inselrundfahrt macht, ahnt ihr nicht, dass ein Wort von uns genügt, und die Straße sackt ab. Besondere Situationen erfordern besondere Maßnahmen. Von wem haben wir das gelernt? Richtig. Von euch. Standardspruch eines jeden Wohnmobilbesitzers auf jedem Campingplatz. Deshalb sind wir jetzt überall. Unter euren Greens und den Erkern, die ihr an eure neugebauten Reetdachhäuser klebt. Hinter den Strandkörben und rings um die Parkplätze. Seit ein paar Wochen bin ich zu den Nachtschichten eingeteilt. Hindenburgdamm, mehr sage ich nicht. Wenn wir wollen, heißt es, verklappen wir die Schienen im Wasser wie eine Strecke Dominosteine für das Guinness-Buch der Rekorde. Wir machen uns stark, stärker als ihr in eurem Jack Wolfskin. Wir werden zu Hunderten um eure schmerzenden Füße laufen, euch überrennen, bis ihr nach Hause wollt, zurück nach Bad Hersfeld und Salzuflen oder sogar in die Alpen, wo es auch Kaninchen gibt, die sind aber noch nicht so weit wie wir. Zum Schluss schlagen wir uns bei „Gosch" in List den Ranzen voll. Freu' ich mich jetzt schon drauf.

Über Tische und Bänke, sage ich da nur. Dann ist es aus mit der ganzen Abfütterung, niemand kommt mehr und alles bleibt frei im Wind, die Strände unberührt, wir schlafen ungestört in der Sonne und die Schafe auch.

Hans-Dieter Reinke
Was kreucht und fleucht denn da?

Sylt besitzt eine außergewöhnliche Vielfalt an unberührten Küsten-Lebensräumen, was gewiss einen großen Teil des Reizes der Insel ausmacht. Über mehr als 39 Kilometer erstreckt sich allein die Westküste mit ihrem eindrucksvollen Zusammenspiel von Wolken, Meer, Sand und Dünen. Die einmalige Schönheit dieses besonderen Eilands wird bestimmt durch den Rhythmus der Gezeiten. Der maritime Einfluss ist allerorten zu spüren. Neben der offenen Nordsee gibt es Verzahnungen von Meer und Land in den Übergangsbereichen des Wattenmeers, der Salzwiesen, der Strände und der Brackwasserröhrichte. Mehr als 60 Prozent der Inselfläche sind ausgedehnte Heiden und Dünen, die im Norden sogar noch als Wanderdünen aktiv sind. Hinzu kommen die Kliffs, von denen das berühmte „Rote Kliff" vor Kampen eine mehr als 30 Meter hohe Steilkante aufweist. Und schließlich bestimmen noch kleine Wäldchen und die Marschgebiete des Ostens die Inselgeografie. In dieser wilden Landschaft findet sich ein Reichtum an Tier- und Pflanzenarten, der überrascht.

Beginnen wir mit einem Lebensraum, der den meisten verhüllt bleibt (es sei denn sie sind Taucher oder nehmen an einer Schiffstour mit Seetierfang teil): die Unterwasserlebewelt der freien Nordsee. Einen guten Einblick in diese uns verborgene Welt geben das Sylt Aquarium in Westerland und die seit dem Jahr 2013 in Hörnum eingerichtete Nationalpark-Ausstellung der Schutzstation Wattenmeer. Neben den alten Bekannten wie Seezunge, Scholle, Hering, Dorsch, Hornhecht, Steinbeißer oder Makrele begegnet man dort auch dem giftigen Großen Petermännchen, dem gefährlich aussehenden Seeteufel oder den zarten Gras- und Schlangennadeln, die mit den Seepferdchen verwandt sind, und weiteren der über 200 Fischarten der Nordsee. Hinzu kommen die zahlreichen wirbellosen Tiere aus den Gruppen der Seesterne, Tintenfische, Blumentiere, Krebse und Weichtiere. Manche Spuren dieser Unterwasserwelt kann der aufmerksame Wanderer auch an den endlosen Stränden und im Spülsaum der Insel finden. Leere Gehäuse von Netzreusen-, Wellhorn-, Nordischer Purpurschnecke oder Pelikanfuß, Schalen von Bohr-, Kamm-, Island-, Trog-, Teppichmuschel und Auster sind ebenso beliebte Strand-Fundstücke wie Laichballen der Wellhornschnecke, das Kalk-Innenskelett des Gemeinen Tintenfischs oder leere rechteckige Eikapseln von Stern- und Nagelrochen, die schwarz und mit leicht gebogenen Haftenden versehen sind, im Gegensatz zu den braunen, mit vier spiraligen Haftenden versehenen Kapseln des Kleingefleckten Katzenhais.

Zur Tierwelt der offenen Nordsee gehören die drei heimischen Meeressäugerarten: Seehund, Kegelrobbe und Schweinswal, die man mit etwas Glück auch alle drei vor Sylt beobachten kann. Eine Attraktion für jeden Sylt-Besucher ist eine Fahrt zu den Seehundbänken. Wie auf einem Präsentierteller räkeln sich die beiden Robbenarten auf dem Sand. Diesen festen Untergrund benötigen sie auch für die Geburt der Jungen. Im Frühjahr kann es passieren, dass durch Störungen oder schwere See junge Seehunde von ihrer Mutter getrennt und an den Stränden der Sylter Westküste angetrieben werden. Das Klagen und Jammern der verlassenen Jungtiere hat ihnen den Namen Heuler eingebracht. Wanderer, die ein scheinbar verlassenes Robbenbaby am Strand entdecken, sollten gebührenden Abstand halten. Keinesfalls darf man die Tiere anfassen oder jagen, Herrchens Landhunde oder Kinder ranlassen, denn trotz des einnehmenden Blickes mit den Knopfaugen handelt es sich um Raubtiere, die schmerzhaft zubeißen können. Verlassene oder sehr geschwächte Tiere kommen in die Heuler-Aufzuchtstation nach Friedrichskoog, von wo sie nach entsprechender Aufpäppelung wieder in die Nordsee entlassen werden.

Die größere, im Wattenmeer aber deutlich seltenere Kegelrobbe besitzt im Vergleich zum Seehund eine grobfleckigere Fellfärbung und den typischen, namensgebenden kegelförmigen Kopf. Auf einer flachen Sandbank zwischen Amrum und Sylt bringen die Kegelrobben im Winter ihre Jungen zur Welt. Nach heftigen Stürmen kann es passieren, dass die wollig-weißen Jungtiere auf dem Amrumer Kniepsand oder der Hörnum Odde anlanden. Hier gilt das Gleiche wie beim Auffinden junger Seehunde. Die Naturschützer der Schutzstation Wattenmeer richten Schutzzonen für die jungen Kegelrobben ein, damit sie im kalten Nordseewasser nicht erfrieren und damit Mutter und Jungtier Kontakt miteinander aufnehmen können.

Für die Schweinswale ist das Seegebiet vor Sylt und Amrum wohl das wichtigste Aufzuchtgebiet in der gesamten Nordsee. Daher hat man bereits im Jahr 1999 den Wattenmeer-Nationalpark um ein 242 000 Hektar großes Walschutzgebiet westlich von Sylt und Amrum erweitert. Bei einem ausgedehnten Spaziergang am Weststrand hat man besonders nach stabilen Ostwindwetterlagen durchaus die Chance, die Kleinen Tümmler, wie die Schweinswale auch genannt werden, zu beobachten. Meist sieht man die haifischähnlich anmutende Rückenflosse aus dem Wasser ragen.

Im Wattenmeer finden wir eine starke Verzahnung von Meer und Land und einen ausgesprochen dynamischen, ständig sich wandelnden Lebensraum. Im Sechsstundentakt strömt in diese amphibische Landschaft das Wasser der Nordsee hinein und wieder hinaus, jeden Tag, jeden Monat, Jahr für Jahr.

Wechselnde Temperaturen, starke Schwankungen des Salzgehalts, Strömungen und Sedimentumlagerungen machen die sandigen und schlickigen Watten zu einem für Organismen unwirtlichen Lebensraum. Nur wenige Arten schaffen die Anpassung. An der Oberfläche des Watts kommen neben den in Bänken zusammenhängenden, mit braunem Blasentang bewachsenen Miesmuschelbänken nur die Watt- und Strandschnecken vor. Alle anderen ziehen es bei Ebbe vor, sich in die wassergefüllten Priele und Wattströme oder in den Boden zurückzuziehen, wie der in einer u-förmigen Röhre lebende Wattwurm, der Kotpillenwurm oder der Wattringelwurm. Ebenso die anderen Vertreter der Weichtiere, die Herzmuschel, die Baltische Tellmuschel (Rote Bohne), die Pfeffermuschel oder die bis zu 30 Zentimeter im Boden sitzende Sandklaffmuschel. Auch der Schlickkrebs, der das bekannte Wattknistern verursacht, oder auch die Strandkrabbe leben im Boden. Schläuche, Tentakel oder Sandröhren schaffen die Verbindung zur Oberfläche, um vor allem die nahrungsreichen Beläge von Mikroalgen und andere Mikroorganismen einzusaugen oder einzustrudeln.

Von diesem Nahrungsreichtum leben die Watvögel, die sich an das Verhalten ihrer Beute in unterschiedlichen Tiefen des Wattbodens durch verschiedene Schnabellängen und -formen angepasst haben. Vom langen gebogenen Schnabel der Regenpfeifer über die geraden der Schnepfen bis hin zu kurzen Schnäbeln der Strandläufer werden alle Etagen im Sediment nach Nahrhaftem durchstochert. Um die ganze Vielfalt und Besonderheit der Wattlebewelt kennenzulernen, empfiehlt es sich, an einer der zahlreichen angebotenen Wattführungen teilzunehmen.

Im Übergangsbereich vom Watt zur Salzwiese siedeln das horstbildende Schlickgras und der wie ein kleiner Kaktus aussehende Queller. Im Herbst ändert sich seine kräftig grüne Farbe über unterschiedliche Orange-Töne in ein kräftiges Rot. Diese Pflanze dient auch dem Küstenschutz, weil sie die Sedimentation fördert und so zur Salzwiesenneubildung beiträgt.

In den sich anschließenden, bereits höher gelegenen Salzwiesen finden wir ausgesprochene Überlebenskünstler, die Überflutungen, Salz- und Süßwassereinflüsse, starke Winde und Austrocknungen überstehen können. Einen sehr schönen Anblick bieten im Spätsommer die hellblau oder lila blühenden Strandastern und der blauviolette Strandflieder. Dazwischen wachsen der silbrige, graufilzig behaarte und aromatisch duftende Strandbeifuß, die Salzschuppenmiere, das Milchkraut, der Stranddreizack und andere.

Es ist immer wieder erstaunlich, dass in diesem Übergangsbereich zwischen Meer und Land nicht nur zahlreiche Vogelarten ihre Rast- und Brutgebiete haben, sondern sich auch eine reiche Kleintierwelt angesiedelt hat. Hier leben der Salzwiesenkrebs, verschiedene Salzkäfer- und Spinnenarten, die an einem stillen, nebligen Herbstmorgen die ganze Salzwiese mit einem dichten, seidenglänzenden Teppich ihrer Spinnfäden überziehen, Wanzen, Zikaden und verschiedene blütenbesuchende Insekten.

Der Übergangsbereich vom Strand zu den Dünen, dort wo man den salzigen Geschmack der Luft am intensivsten spürt, ist nur etwas für Spezialisten. Die Strandspülsäume und sich bildenden Primärdünen sind mit Strandquecke, Salzmiere, Meersenf und anderen sogenannten Pionierpflanzen bewachsen. Die Pflanze der darauffolgenden Weißdünen ist der Strandhafer, der sich mit seinen mehrere Meter langen Wurzeln das notwendige Wasser aus der Tiefe holt. Übersandungen von 30 bis 50 Zentimeter im Jahr kann er mühelos überstehen. Er ist die wichtigste

Dünenschutzpflanze, weil er maßgeblich zum Zusammenhalt und Aufwuchs der Dünen beiträgt. Wegen ihrer enormen Bedeutung für den Küstenschutz ist das Betreten der Dünen (auf Trampelpfaden und querfeldein) verboten. Dafür sollte jeder Naturwanderer Verständnis haben, wie auch für die Schutz- und Ruhezonen, die an verschiedenen Stellen auf der Insel für die Tier- und Pflanzenwelt eingerichtet sind.

Am gleichen Standort wie der Strandhafer wächst, gedeihen beispielsweise die Sandsegge, die schön in Reih und Glied wachsend auch als Soldatensegge bezeichnet wird, das himmelblau blühende zarte Sandglöckchen oder die Strandplatterbse, ein purpurrot bis bläulich violett leuchtender Schmetterlingsblütler. Ebenfalls violett blühen das Dünenstiefmütterchen und der Sandthymian. Die Stranddistel, ein Doldenblütler, gehört inzwischen zu den selten gewordenen und gefährdeten Pflanzenarten. Ihr ist unter anderem – wie dem Edelweiß in den Bergen – ihre Schönheit und lange Haltbarkeit im getrockneten Zustand zum Verhängnis geworden. Sie wird gern als Souvenir mitgenommen, obwohl sie unter strengem Naturschutz steht.

Eine der prägendsten Pflanzen Sylts, die Kartoffelrose, die auch als Kamtschatkarose oder Syltrose bezeichnet wird, ist allerdings ein vom Menschen eingebrachter Einwanderer. Die mit buntem Herbstlaub, hübschen farbigen Blüten und prächtigen roten Hagebuttenfrüchten aufwartende Strauchpflanze wird von Ökologen und Naturschützern kritisch gesehen, da sie sich massiv ausbreitet und heimische Pflanzenarten zurückdrängt. Trotzdem mag der Sylt-Besucher sie nicht missen, denn sie schmückt nicht nur die vielen Friesenwälle, sondern blüht auch außerordentlich schön – und sie verströmt im Juni und Juli einen betörenden Duft.

In den Graudünen mit höherem Humusgehalt finden wir Zwergsträucher wie Krähenbeere und Kriechweide, aber auch Besen- und Glockenheide, die zu den charakteristischen Pflanzen der Heiden zählen. In den Dünen und Heiden macht vor allem die Nährstoffarmut den Pflanzen zu schaffen. Die Heidekrautgewächse verbessern ihre Lebensbedingungen durch eine Partnerschaft mit Pilzen, die an den Wurzeln wachsen (sogenannte Wurzelmykorrhiza) und die Stickstoffversorgung der Pflanze optimieren. Andere Pflanzen wie der Rundblättrige Sonnentau behelfen sich durch Insektenfang mit ihren klebrigen Blättern, um den Stickstoffmangel auf den kargen Sandböden zu kompensieren. Viele wärmeliebende Insektenarten, vor allem aus der Gruppe der Hautflügler, sowie spezialisierte Käfer, Zikaden und Schmetterlinge, aber auch Kreuzkröte, Moorfrosch und Bergeidechse finden in den Dünen und Heiden geeignete Existenzmöglichkeiten. 2500 unterschiedliche wirbellose Tierarten können allein in diesem Biotop vorkommen.

Was wäre ein Meeresbesuch ohne die elegant durch die Wellentäler fliegenden oder die Dünenketten entlangsegelnden Silbermöwen, die hier auf Sylt liebevoll „Emma" genannt werden. Da sieht man auch schon mal darüber hinweg, dass einige Möwen sich darauf spezialisiert haben, ahnungslosen Imbissbesuchern und Strandpromenaden-Spaziergängern das gerade erworbene Fischbrötchen zu entreißen, oder wenn sie versuchen schaliges Meeresgetier, meist Miesmuscheln, aus einiger Höhe zum Öffnen derselben fallen zu lassen. Die kleinere Ausgabe der auffälligen Silbermöwe mit dem kräftigen gelben Schnabel und roten Punkt ist die gelbbeinige Sturmmöwe, die mit ihrem zarten, rein gelben Schnabel eher als Charaktervogel der Ostseeküste gilt. Neben den mit schwarzen Deckflügeln versehenen Herings- und Mantelmöwen gibt es noch die kleinen Lachmöwen, die wegen ihrer kreischenden Stimmen auch „Seekrähen" genannt werden, mit ihrem schwarzbraunen Kopf, der allerdings nur im Sommer diese Farbe trägt.

Eindrucksvoll sind auch die sturztauchenden Flugmanöver der möwenverwandten Brand-, Küsten- und Zwergseeschwalben oder die tänzelnden, elegant mit den auflaufenden Wellen an der Wasserkante des Strandes dahineilenden Sanderlinge, kleine Strandläufer.

Ganz wesentlich tragen die Vögel zum akustischen Inselerlebnis bei: mit dem durchdringenden „kliep, kliep, kliep"-Rufen des Austernfischers, dem Meckern der auch als „Himmelsziege" bezeichneten Bekassinen in den abendlichen Dünen, dem munteren Gejodel der Rotschenkel und dem Gekreische der sich scheinbar ständig streitenden Möwen. Zu den bleibenden Eindrücken eines Nordseeaufenthalts gehören aber auch die ungeheuren Schwärme der Watvögel wie Knutts, Alpenstrandläufer, Kiebitzregenpfeifer, Ringelgänse und andere, die vor allem im Herbst und Frühjahr während des Zuges das Wattenmeer und die angrenzenden Küstenlebensräume als wichtiges Rast- und Nahrungsgebiet nutzen.

Die Tier- und Pflanzenwelt der „Königin der Nordsee" hat sich mit ihren Spezialisten und Überlebenskünstlern optimal an die hier vorherrschenden rauen Lebensbedingungen angepasst. Bedroht wird diese einzigartige Natur und Lebewelt allein durch den Menschen. Immerhin ist es gelungen, zwölf Naturschutz- sowie einige Landschaftsschutzgebiete auf der Insel einzurichten. Umgeben wird das Ganze vom Nationalpark Wattenmeer, der seit dem Jahr 2009 auch als UNESCO-Weltnaturerbe internationale Anerkennung genießt. Denn was wäre Sylt ohne seine wilde Schönheit, die Steilküsten und Dünengebirge und ohne seine Seehunde, Möwen und die aufsteigenden Schwärme der Zugvögel.

Ferdinand Avenarius
Schutz für Sylt

Sobald man das Dorf Kampen auf Sylt durchschritten hat, breitet sich die Welt vor einem aus, herrlich wie am ersten Tag: Heide, dann ein schmaler Binnen-Dünenstreif, der in edel ruhiger Linie die Heide umsäumt, und über ihm Meer rechts, Meer links, dazwischen aber über schön geschweifter Bucht, wie ein fernes Hochgebirg, das größte Dünengebiet Deutschlands, die Halbinsel List. Vom alten Dorf Kampen nach Westen zu macht sich das Bad breit, aber nach Osten zu ist's nicht minder schön: noch bis zur Marsch Heide, und aus ihr die träumender Mäler uralter Zeit, die höchstgelegenen Hünengräber der Insel …

Aber ein einziges Haus außerhalb der Ortschaft in die Heide oder gar in diese Binnendünen gesetzt, und eine Form ist zwischen die große Linie geworfen, ein Maßstab ist gegeben, der die Größe herunterdrückt, die Größe und Weite ist zerstört und die einsame Ursprünglichkeit ist dahin.

Die Regierung, die um den Schutz der Natur-schönheiten auf Sylt jetzt besorgt ist, hat gottlob das neue Heimatschutzgesetz benutzt, um für diese Gegenden die Genehmigung zu Neubauten davon abhängig zu machen, dass sie die landschaftliche Schönheit nicht schädigen. An diesen Stellen aber würde jeder Bau eine gröbliche Verunstaltung der landschaftlichen Schönheit bedeuten, auch der an sich schönste und auch der in den Dünen bestversteckte.

Denn auch der schönste und kleinste Bau würde die Größe der Landschaft so sicher zerstören, wie ein Mensch den Erhabenheitseindruck des Hünengrabes zerstört, auf dem er steht. Was nun das „Verstecken" anbetrifft: Wenn der Bau nicht von der einen Seite sichtbar wäre, so wär er's von der anderen, man sieht hier so weit, und die intime Schönheit der schmalen Dünenkette, ihre Unberührtheit würde auf alle Fälle zerstört – selbst, wenn der erste Bau in diese schmale Kette der letzte bliebe. Dazu kommt, dass man hier noch niemanden zugunsten der Allgemeinheit zwingen brauchte, große Werte zu opfern, es sei denn einen, der spekulieren wollte: denn der Quadratmeter Düne oder Heide kostet dort noch fünf bis zehn Pfennige! Eben, weil noch niemand den Gedanken gewagt hat, diese allgemeine Schönheit durch einen Bau zu zerstören. Das ganze Gebiet zwischen Kampen und List sollte zum Naturschutzgebiet erklärt werden. Bis das einmal angeht, darf sich die Regierung der Zustimmung aller orts- und sachkundigen Naturfreunde sicher fühlen, wenn sie hier jede Baugenehmigung verweigert.

(1913)

Detlev von Liliencron
Pidder Lüng

„Frii es de Feskfang,
frii es de Jaght,
frii es de Strönthgang,
frii es de Naght,
frii es de See, de wilde See
en de Hörnemmer Rhee."

Der Amtmann von Tondern, Henning Pogwisch,
schlägt mit der Faust auf den Eichentisch:
„Heut fahr' ich selbst hinüber nach Sylt
und hol' mir mit eigner Hand Zins und Gült.
Und kann ich die Abgaben der Fischer nicht fassen,
sollen sie Nasen und Ohren lassen,
und ich höhn' ihrem Wort:
          Lewwer duad üs Slaav."

Im Schiff vorn der Ritter, panzerbewehrt,
stützt finster sich auf sein langes Schwert.
Hinter ihm, von der hohen Geistlichkeit,
steht Jürgen, der Priester, beflissen, bereit.
Er reibt sich die Hände, er bückt den Nacken.
„Die Obrigkeit helf' ich die Frevler zu packen,
in den Pfuhl das Wort:
          Lewwer duad üs Slaav."

Gen Hörnum hat die Prunkbarke den Schnabel gewetzt,
ihr folgen die Ewer, kriegsvolkbesetzt.
Und es knirschen die Kiele auf den Sand,

und der Ritter, der Priester springen ans Land,
und waffenrasselnd hinter den beiden
entreißen die Söldner die Klingen den Scheiden.
Nun gilt es, Friesen:
> Lewwer duad üs Slaav!

Die Knechte umzingeln das erste Haus,
Pidder Lüng schaut verwundert zum Fenster heraus.
Der Ritter, der Priester treten allein
über die ärmliche Schwelle hinein.
Des langen Peters starkzählige Sippe
sitzt grad an der kargen Mittagskrippe.
Jetzt zeige dich, Pidder:
> Lewwer duad üs Slaav!

Der Ritter verneigt sich mit hämischem Hohn,
der Priester will anheben seinen Sermon.
Der Ritter nimmt spöttisch den Helm vom Haupt
und verbeugt sich noch einmal: „Ihr erlaubt,
dass wir Euch stören bei Euerm Essen,
bringt hurtig den Zehnten, den ihr vergessen,
und Euer Spruch ist ein Dreck:
> Lewwer duad üs Slaav!"

Da reckt sich Pidder, steht wie ein Baum:
„Henning Pogwisch, halt deine Reden im Zaum!
Wir waren der Steuern von jeher frei,
und ob du sie wünscht, ist uns einerlei!
Zieh ab mit deinen Hungergesellen!
Hörst du meine Hunde bellen?
Und das Wort bleibt stehn:
> Lewwer duad üs Slaav!"

„Bettelpack", fährt ihn der Amtmann an,
und die Stirnader schwillt dem geschienten Mann,
„du frisst deinen Grünkohl nicht eher auf,

als bis dein Geld hier liegt zu Hauf."
Der Priester zischelt von Trotzkopf und Bücken
und verkriecht sich hinter des Eisernen Rücken.
O Wort, geh nicht unter:
Lewwer duad üs Slaav!

Pidder Lüng starrt wie wirrsinnig den Amtmann an,
immer heftiger in Wut gerät der Tyrann,
und er speit in den dampfenden Kohl hinein:
„Nun geh an deinen Trog, du Schwein!"
Und er will, um die peinliche Stunde zu enden,
zu seinen Leuten nach draußen sich wenden.
Dumpf dröhnt's von drinnen:
„Lewwer duad üs Slaav!"

Einen einzigen Sprung hat Pidder getan,
er schleppt an den Napf den Amtmann heran
und taucht ihm den Kopf ein und lässt ihn nicht frei,
bis der Ritter erstickt ist im glühheißen Brei.
Die Fäuste dann lassend vom furchtbaren Gittern,
brüllt er, die Türen und Wände zittern,
das stolzeste Wort:
„Lewwer duad üs Slaav!"

Der Priester liegt ohnmächtig ihm am Fuß,
die Häscher stürmen mit höllischem Gruß,
durchbohren den Fischer und zerren ihn fort;
in den Dünen, im Dorf rasen Messer und Mord.
Pidder Lüng doch, ehe sie ganz ihn verderben,
ruft noch einmal im Leben, im Sterben
sein Herrenwort:
„Lewwer duad üs Slaav!"

Clara Tiedemann
Kampener Skizzen

Abends im dörflichen Wirtshaus.

Ich sitze neben dem freundlichen Strandvogt und frage ihn aus.

„Wo? Da ganz hinten? Anne Kante? Dicht am Strand? Früher da war das mal Buhnenverwaltung. Und Brodersen hatte das auch mal. Da war das gemütlich. Haben wir so manchen Grog getrunken. Nun hat das – wie heißt er man noch – is ja man 'n komischen Kirl, sieht bös aus, was? Strandgut von außen und innen. Ja, was soll ich sagen, so ne Art Treffpunkt, nich? Liegt ja ganz schön abseits. Oder? Sie meinen doch da unten bei Kliffende?"

Kliffende. Ich hörte den Namen zum ersten Mal. Und fand ihn so schön. Mein Haus sollte Kliffende heißen. Im Geiste sah ich es liegen, weiß und strohgedeckt wie die Häuser meiner Vorväter in Dithmarschen und Angeln. Etwa hundert Schritt nur würden es sein bis zum Strand. Mitten in der Heide. Weiße Dünen, blauer Himmel. Und immer Wind.

Im Herbst erleben wir die erste Sturmflut.

Wir haben gebadet bei herrlicher Brandung und sitzen nun bei Kaffee und Kuchen in der warmen Küche.

Die Küche liegt nach Osten.

Das Rauschen vom Meer, so meinen wir, ist aber heute besonders stark zu hören.

Und das Rauschen verstärkt sich. Auch zieht es

plötzlich mächtig im Hause, eine Tür schlägt, ein Fenster klirrt: Ein Sturm ist im Anzug.

Einer jener Stürme, die urplötzlich aufkommen.

Die ersten, die aus dem Windschutz des Hauses heraustreten, werden wie von einer Faust gepackt und seitlich gegen den Wall geschleudert. Nun versuchen wir an das Kliff heranzukommen, aber es ist unmöglich. Kriechend kommen wir schließlich langsam vorwärts.

Der Sturm peitscht uns den Sand wie Nadeln ins Gesicht.

Was wir schließlich sehen, ist über alle Maßen großartig: Verschwunden der Strand, nichts als weiße Schaumkronen, dunkelgrün-braun schlagen die gewaltigen Wellen gegen das Kliff, und wo das Kliff zu Ende geht, schlagen sie über die Dünen hinweg.

Spielend holen sie diese erste Dünenreihe vor Kliffende an diesem Tag ins Meer.

Bewundernd und staunend sehen wir diesem grandiosen Schauspiel zu, ohne dass es uns zum Bewusstsein kommt, was es für unser Haus bedeutet.

Strandkörbe treiben an uns vorbei, die man so schnell nicht bergen konnte. Sie schlagen gegen das Kliff und brechen mitten durch. Dann treiben sie zusammen mit Kisten, Tonnen, Brettern, Fässern in das Dünental unter dem kleinen Leuchtturm.

Allmählich wird es dämmerig, wird dunkel, der Sturm beruhigt sich ein wenig, aber schlafen kann man nicht. Am Giebel ist ein Schaden entstanden, nun muss man achtgeben; kann der Sturm erst unterfassen, ist das Dach in Gefahr.

Ich wandere im Hause einher, stelle Kerzen in die Fenster, wie ich es von meinen Vorvätern gehört habe, wie ich es von nun an immer bei Sturm tue, und wie es später einmal einem gestrandeten Kutter zur Hilfe gereichte.

Als wir siebenundzwanzig mit dem Haupthaus Kliffende begannen, wurde in einer Sturmnacht die bereits aufgeführte Nordweststrecke abgerissen und die Bauhütte in alle Winde verstreut.

Konnte man denn überhaupt noch riskieren zu bauen? Aber was riskiert der Mensch nicht alles, wenn es um großartige Dinge geht?

Und nun der nächste Morgen nach einer Sturmnacht. Man hatte sich schließlich doch hingelegt, um ein wenig zu ruhen. Erwachte von einem gleißenden Sonnenstrahl, der durchs Fenster fiel. Stand auf und ging zum Strand hinüber. Hatte man geträumt?

Da lag das sanft rauschende Meer, darüber der seidige blaue Himmel, der schneeweiße Strand glatt, jungfräulich, keine Fußspur. Hatten hier je Strandkörbe gestanden? Nie, das wusste man, würde man sich diesem Zauber entziehen können.

Andreas Nefzger
Einsame Insel

Das Meer trennt Wolfgang Schmiedeberg von seiner alten Heimat. Und siebenunddreißig Minuten Bahnfahrt. Deshalb rumpelt er jetzt mit seinem Fahrrad auf den Vorplatz des Bahnhofs in Niebüll. Es ist halb sieben am morgen, und aus allen Richtungen strömen Menschen wie Schmiedeberg zum Bahnhof, zu Fuß, mit dem Fahrrad, auf Mopeds. Schmiedeberg schiebt sein Rad ins Gedränge zu den Gleisen. „Beeilung, wir wollen doch einen Sitzplatz bekommen!"

Eigentlich ist Schmiedeberg Sylter, zwar nicht gebürtig, aber gefühlt. Vor mehr als dreißig Jahren kam er mit seiner Frau Uschi auf die Insel, weil sie an der Klinik in Westerland einen wie ihn suchten. Sie zogen ihre zwei Kinder in Westerland auf, er engagierte sich im Sportverein, sie war Vorsitzende der Sylter Kunstfreunde. Sie wurden heimisch. Dennoch zogen sie vor einem Jahr aufs Festland. „Selbst wenn man gut verdient, kann man sich auf der Insel einfach nichts mehr leisten", sagt Schmiedeberg. Er ist Oberarzt.

Sylt hat ein Problem: seine Attraktivität. Sie wird der beliebtesten Nordseeinsel der Deutschen zunehmend zum Verhängnis. Der Preis für einen Quadratmeter Bauland hat sich dort zwischen 2004 und 2011 in manchen Gemeinden mehr als verfünffacht, die Mieten haben selbst die in München überholt. Viele Sylter können nicht mehr mithalten. Sie flüchten von der Insel. In den vergangenen Jahren hat Sylt viertausend Einwohner verloren.

Der Fortzug hält an. Immer drängender werden die Fragen: Was bleibt von einer Insel ohne Insulaner? Lässt sich der Fortzug stoppen? Wer trägt die Schuld? Die Investoren – oder gar die Insulaner?

Sylts Geschichte handelt von Heimat, Vertreibung, Gier und der Unbarmherzigkeit des Marktes. Sie führt zu einer strahlenden Maklerin, einer desillusionierten Bürgermeisterin, zu wütenden Insulanern und aufs nahe Festland, wo viele Sylter stranden. Sie reihen sich ein in das Heer der Pendler. Zu Tausenden karrt sie die Nord-Ostsee-Bahn allmorgendlich auf die Insel. Erst die Handwerker und später die Dienstleister: Küchenhilfen, Service- und Putzkräfte, die das Urlaubsparadies am Laufen halten.

Wolfgang Schmiedeberg findet seinen Sitzplatz. Ihm gegenüber sitzen Männer in Arbeitshosen, die „Bild"-Zeitung lesen. Er selbst ist gut gekleidet. Eigentlich wollte er auf der Insel alt werden, erzählt er, während draußen nebelige Küstenbilder vorbeirauschen. Als er mit fünfundsechzig aber aus dem Diensthaus der Klinik ausziehen musste, für die er noch immer arbeitet, zerbrach der Wunsch an der Wirklichkeit. Was er und seine Frau sich leisten konnten, war ihnen zu eng. Also kauften sie ein Haus in Niebüll: 125 Quadratmeter Wohnfläche für einen Preis, der in Sylt gerade für eine Zweizimmerwohnung gereicht hätte. Der Zug fährt über den Hindenburgdamm. Dann erreicht er die Insel.

Nirgendwo ist das neue Sylt so präsent wie in Kampen, im Norden der Insel am Watt gelegen. Kampen ist bekannt für sein Promitreiben am Strönwai und mit dem Hobookenweg auch im Besitz der angeblich teuersten Wohnstraße Deutschlands. In einem Reetdachhäuschen an der Hauptstraße ist neben einem Laden des Modedesigners Otto Kern und einer anderen Luxusboutique das Büro von Engel & Völkers untergebracht. Drinnen sitzt an einem mächtigen Holztisch Monika Blume, platinblond und schlank. Vor fünfzehn Jahren ist sie auf die Insel gekommen, um das Büro zu leiten. Sie ist eine von mehr als zweihundert Maklern, die auf Sylt das Glück suchen. „Ich habe die Gelegenheit ergriffen", sagt sie. Das ist zwar auf den Wohnort bezogen, darf aber auch geschäftlich verstanden werden. „Wir sind happy hier", sagt sie. „Der Markt ist natürlich interessanter als in Münster oder Osnabrück."

In Kampen kostet ein Einfamilienhaus bis zu fünf Millionen, eine Doppelhaushälfte bis zu zweieinhalb Millionen und eine Zweizimmerwohnung bis zu einer Million Euro. Bei Liebhaberobjekten in Wattlage geht noch mehr. In diesem Jahr steigen die Preise aber auffallend langsam. Dass die Kurve irgendwann wieder deutlich in die andere Richtung gehen könnte, mag Blume dennoch nicht glauben: „Der Markt auf der Insel wird immer gesund bleiben." Von einer Blase könne nicht die Rede sein, schließlich werde alles, was angeboten werde, zu gegebener Zeit auch verkauft. Blume steht eher vor dem Problem, dass ihr die Objekte ausgehen: „Wir finden für unsere Kunden immer seltener das, was sie suchen."

Vor allem seitdem die Zinsen so niedrig sind, werden Häuser auf Sylt mehr und mehr zu Betongold. Anleger stecken ihr Geld in ein Inselanwesen, um es vor einer möglichen Inflation zu retten. Das treibt die Preise. Was die Einheimischen zum Verkauf bewegt, dazu gibt es mindestens zwei Meinungen: die Verlockung des Geldes oder das Problem, die anderen Erben eines Hauses sonst nicht auszahlen zu können. So oder so: Investoren machen das Anwesen danach häufig platt, um Platz für Ferienwohnungen zu schaffen. Das ist lukrativer, als an Einheimische zu vermieten. Dauerwohnraum wird somit teuer und knapp. Es häufen sich die Geschichten von illegal vermieteten Kellerlöchern. Das trifft gerade die besonders hart, die nichts haben, was sie verkaufen könnten.

Was das für diejenigen bedeutet, die trotzdem bleiben wollen, dazu kann Katinka Gosselaar viel erzählen. Sie kam für ein Jahr zum Arbeiten auf die Insel, blieb wegen der Liebe und wollte auch nicht mehr weg, als diese in die Brüche ging. Mit Anfang dreißig, einem Diplom als Marketing- und Kommunikationswirtin und einem Nettoeinkommen von tausendsiebenhundert Euro wäre das an den meisten anderen Orten wohl kein Problem gewesen. Auf Sylt dauerte es zwei Jahre, bis sie eine annehmbare Wohnung fand. Zwischendurch schlief sie auf der Toilette ihres Arbeitgebers.

Mittlerweile ist Gosselaar, gemeinsam mit dem gebürtigen Sylter Lars Schmidt, das Gesicht des Bürgerprotests. Gosselaar ist groß und blondlockig und wohnte in Bremen schon einmal in einem besetzten Haus. Schmidt ist klein, Vater von drei Kindern, angestellt im Kosmetikgeschäft seines Bruders und scheint gänzlich unaufsässig. Vor zwei Jahren gründeten sie erst die Initiative „Zukunft Sylt", demonstrierten und schrieben Petitionen. Dann gründeten sie sogar eine Partei und kamen im Mai bei den Wahlen zur Gemeindevertretung der Gemeinde Sylt aus dem Stand auf fünf Prozent.

In einer Kneipe gegenüber dem Westerländer Bahnhof sitzt die Kommunalparlamentarierin mit Schmidt bei Bier und Currywurst. Sie haben viel zu erzählen. Es geht hier auf der Insel, daran lassen die beiden keinen Zweifel, ums große Ganze. Sie seien keine Kommunisten, sagt Schmidt. Aber, so sagt Gosselaar, der Markt sei „ein freilaufender Psychopath, der eingefangen werden muss".

Ob der Markt oder die Gier – das, wogegen viele Bürger ankämpfen, ist ein mächtiger Gegner, wie längst auch die Bürgermeisterin der Gemeinde Sylt zu spüren bekommen hat. Petra Reiber, seit mehr als zwanzig Jahren Chefin im Rathaus, musste erfahren, dass politische Entscheidungen nicht immer ernst genommen werden, wenn viel Geld im Spiel ist. Was die Politik bislang versucht hat, um Wohnraum für Einheimische zu schaffen, wurde regelmäßig unterlaufen. Zuletzt ordnete die Gemeinde etwa an, dass in manchen Gegenden nur leben darf, wer seinen Erstwohnsitz dort gemeldet hat. Makler und Auswärtige fanden Wege, das zu umgehen.

Vor dem Rathaus in Westerland strömen jetzt in der Sommerferienzeit massig Touristen über die Flaniermeile. Obwohl es voll ist, fürchtet die Bürgermeisterin nichts mehr als Leere auf ihrer Insel: „Die Frage ist, ob es uns gelingt, den Exodus aufzuhalten." Eine von der Gemeinde in Auftrag gegebene Studie kommt zu dem Schluss, dass dafür 2850 Wohnungen geschaffen werden müssen. Reiber will die Wohnungen in Außenbezirken der Ortsteile errichten und sie um jeden Preis im Besitz der Kommune halten. Das Land muss aber noch absegnen, dass sie auf den Flächen bauen darf. Und dann muss die Gemeinde sicherstellen, dass die Flächen nicht an Investoren gehen. Wie genau das gehen soll, weiß Reiber allerdings noch nicht. Lars Schmidt und Katinka Gosselaar wollen ihrerseits eine Stiftung gründen, die Wohnraum für Einheimische schafft. Einen Großteil der 2850 Wohnungen würden sie auf dem Fliegerhorst stehen sehen wollen, einer Militärbrache nahe Westerland. Aber das wollen die großen Parteien nicht. Schmidt steuert seinen Familienwagen über das Militärgelände. „Es ist die einzige Option", sagt er.

Probleme mit der sogenannten Gentrifizierung haben auch viele Städte auf dem Festland. Eine wohlhabende Schicht verdrängt die Alteingesessenen. Aber auf Sylt sind die Probleme vielseitiger. Schon ein Drittel der Einwohner sind Zweitwohnungsbesitzer, die oft nur ein paar Wochen im Jahr auf der Insel sind und sich nicht interessieren für Vereinsleben oder Lokalpolitik. Die Insel, sagen die Pessimisten, droht zu einer Art riesigem Disneyland zu werden, in dem im Winter nur noch Hausmeister wohnen, die dafür sorgen, dass die schönen und teuren Häuser schön und teuer bleiben, und wo saisonal der Schampus perlt.

Dass das ein Szenario nicht nur für Apokalyptiker ist, zeigt eine Rundfahrt mit Frank Zahel durch seinen Heimatort Rantum, eine langgezogene Ansammlung von Klinkerhäusern südlich von Westerland, dort, wo Sylt am schmalsten ist. Im Osten blickt man über die Reetdächer direkt aufs Watt, im Westen schmiegen sich die Bauten an die Dünen. Sylts gesamte Schönheit auf einer Breite von wenigen hundert Metern – im Besitz von Auswärtigen.

Zahel, der für die CDU im Gemeinderat sitzt und hier aufgewachsen ist, fährt durch die Straßen und zeigt auf die Häuser, in denen noch Einheimische leben. Er sagt oft lange nichts. Und irgendwann: „Nach den Herbstferien ist es hier wie ausgestorben." Im alten Ortskern gaukeln dann nur Bewegungsmelder und Zeitschaltuhren Leben vor, die Einbrecher vertreiben sollen. Die meisten Einheimischen wohnen am Rand, in langgezogenen einfachen Wohnblocks.

Das Dorfleben ist in Rantum fast zum erliegen gekommen. Den Fußballverein gibt es nicht mehr, die Kegler sind nur noch zu siebt. „Nachbarschaft findet eigentlich nur noch in der Feuerwehr statt", sagt Zahel, seit 28 Jahren Feuerwehrmann. Und selbst die schrumpft. Erst nach der Drohung mit Zwangsverpflichtung fand sich unlängst ein knappes Dutzend neuer Freiwilliger. Trotzdem hat Zahel seinen Optimismus nicht verloren: Er glaubt daran, dass sich wieder junge Familien ansiedeln, wenn die Gemeinde Flächen zur Verfügung stellt.

Auch vielen Touristen dämmert es, dass die Urlaubsinsel nur dann funktioniert, wenn auch genug Insulaner übrig bleiben. Die Zeichen häufen sich, dass der Fortzug an der Substanz der Insel nagt wie die Brandung an der Küstenlinie. Das zeigt sich etwa im Supermarkt von Thomas Nissen, dem einzigen in

Rantum. Außerhalb der Saison hat der nur noch vormittags geöffnet. Oder im Westerländer Frisörgeschäft von Dirk Drewenz – der seinem Sohn rät, den Laden nicht zu übernehmen, weil die Stammkunden immer weniger werden. Oder am Strand von Hörnum ganz im Süden der Insel: am Crêpes-Stand von Dirk Werk, der drei Wohnwagen für seine Teilzeitkräfte gekauft hat, weil sonst keine mehr gekommen wären. Wohnraum fehlt nämlich nicht nur für Einheimische, sondern auch für die vielen Saisonkräfte, ohne die das Geschäftsmodell der Insel nicht funktionieren würde. Allein im Hotel- und Gaststättengewerbe gibt es laut dem zuständigen Verband dreihundert offene Stellen.

Schon Alfred Bartlings Großvater hatte es gesagt: „Wenn der Tourismus zu doll wird, bleibt nur noch verbrannte Erde." Bartling ist ein Original, wie man es immer seltener sieht auf Sylt. Vierundsiebzig Jahre alt, nicht sonnengebräunt, sondern sonnengegerbt, einer, der „einen Schnack" sagt, wenn er eine Plauderei meint. Er kann sich noch daran erinnern, als die ersten Touristen kamen und die Bauern im Heu schliefen, um ihre Betten vermieten zu können. In seiner Zeit beim Küstenschutz fuhr er täglich zur See, viel mehr wollte er nicht vom Leben. Noch heute radelt er täglich zum Meer, fängt im April an zu schwimmen, wenn das Wasser elf Grad warm ist, und hört im November auf, wenn es elf Grad kalt ist. Wegziehen würde er nie, sagt er. Fremd fühlt er sich schon, wenn er sein Dorf verlässt: die vielen Menschen, die vielen Autos, der ganze Trubel. „Wenn ich aus Morsum rausgehe, dann wird's schlimm."

Morsum liegt im Osten der Insel, ein ganzes Stück von der See entfernt. Was in Rantum, Kampen oder Westerland passiert, kommt hier schon immer mit Verspätung an. Doch auch hier ändern sich die Zeiten. Bartling ist früher an Silvester mit Freunden durch die Straßen gezogen, Masken auf dem Kopf und ein

Akkordeon dabei, und hat Verse über die besten Anekdoten des Jahres zum Besten gegeben. Über Bauern, die mit dem Traktor in den Graben gefahren sind, und solche Sachen. An jedem Haus gab es einen Schnaps, in der Dorfmitte musste die Gruppe verschnaufen. Heute gibt es nicht mehr viele Maskenläufer. Und einer von ihnen trinkt nicht, weil er anschließend die Übrigen zu den Häusern fahren muss, in denen noch Einheimische wohnen. Das neue Kulturzentrum „Muasem Hüs" soll Besserung bringen. Eine Bücherei ist schon drin, die Bank soll umziehen und ein Dorfladen neu entstehen. Bartling erzählt davon nicht ohne Stolz. Aber auch mit Sorge. Auch dieses Projekt ist abhängig von Einwohnern, die sich engagieren. Und auch in Morsum siedeln sich kaum junge Familien an.

Schuld an der Misere seien die Insulaner selbst, sagt Bartling. In den vergangenen zehn Jahren seien in Morsum zwischen fünfzig und sechzig Häuser verkauft worden. Er kenne alle Familien, sagt er, Probleme mit dem Erbe habe es nirgends gegeben. „Die Sylter sind bekloppt, die denken nur ans Geld."

Wer mit den Menschen auf Sylt spricht, hört diese Klage oft. Die Aussicht auf das große Geld habe die Insulaner verdorben. Aber es findet sich auch Verständnis: Die Verlockung, den Familienbesitz zu vergolden, sei groß. Und sie wird immer größer. Nicht nur, weil die Preise steigen, sondern auch, weil die Bande zwischen den Menschen und ihrer Insel brüchig werden. Je mehr gehen, desto weniger Gründe haben die Übrigen, zu bleiben. Weil Schulen und Altenpfleger fehlen und Nachbarn.

So sieht es mittlerweile auch Wolfgang Schmiedeberg. Im Zug nach Westerland sagt er, Sylt habe sich verändert. Ihn störten die Neureichen, die Kellner herumkommandieren, die protzigen Geländewagen an diesem Ort, der für ihn doch eigentlich für die Zerbrechlichkeit der Natur steht. „Das ist nicht mein Lebensgefühl", sagt Schmiedeberg.

Ausgerechnet in Niebüll, seinem neuen Wohnort am Festland, hat er die Weite und die Ruhe wiederentdeckt, die ihn einst nach Sylt lockten. „Wir sind kein Stück bitter", sagt er. Und ganz haben er und seine Frau die Insel auch noch nicht verlassen. Wolfgang hat ein kleines Zimmer gemietet, damit er nicht jeden Tag pendeln muss. Und Uschi hat ihr Atelier behalten. Unter anderem malt sie dort Inselmotive in Kellerschächte: wogende Dünen, die rauhe See. Sylter, die im Keller hausen, erinnert sie so daran, wo sie sind. Illusionsmalerei nennt sie das. Auf Sylt gibt es einen wachsenden Markt für Illusionen.

Thomas Hettche
Die Wilde Jagd

Julian sagt nichts. Und dann ist es auch schon so, als nähme der Wind sie mit sich fort, Mutter und Sohn und meine Tochter, und kaum sehe ich ihnen einen Moment lang nach, wie sie sich gegen den Menschenstrom stemmen, der die Friedrichstraße entlangfließt, da erfasst mich selbst sein Sog und zieht mich weg, drückt mich durch Gelächter und Glühweinschwaden hindurch und vorbei an lauthals lachenden Grüppchen in Lammfelljacken, trudelnd und zögernd und unter dem Arm die Familienpackung Silvesterraketen und Böller, ich weiß nicht, wie lange. Jedenfalls spricht mich schließlich jemand an, ein alter Mann ist plötzlich an meiner Seite, mit schulterlangem grauem Haar und einer Art gehäkeltem Barett in Jägergrün auf dem Kopf, tief gebeugt ist er mit ganz kleinen schiebenden Schritten plötzlich neben mir und greift sich meinen Arm, die Knöchel seiner Hand spitze Höcker, fast schwarz die Arterien unter der papiernen Haut. Ich lasse es geschehen und frage mich nur, ob ich wohl wie jemand wirke, der Hilfe braucht. Er müsse mir unbedingt etwas zeigen, sagt er, und das beruhigt mich so sehr, dass ich ihm tatsächlich folge, keine Ahnung, weshalb ich das tue, aus den bunten Lichtern und dem Gedränge und Geschiebe zwischen den Buden zieht er mich behände die Treppe hinab zur Strandpromenade, auf der, im eisigen Wind, der vom schneekalten Sand heraufbläst und vom gischtweißen Meer, sich niemand außer uns aufhält.

Da!, brüllt er in das Rollen der Wellen hinein und zeigt zitternd hinaus, die Augen vor den beißenden Böen zu Schlitzen verengt. Da! Das ist der Vorbote des Sturms. Ich kenne die Muster des Meeres. Das da ist die Hufspur der Wilden Jagd.

Die Wilde Jagd? Ich sehe ihn ratlos an und schüttle den Kopf. Verstehe nicht, was der Alte von mir will.

Ja! Seine Linke krallt sich fest in meiner Jacke, und die Kälte fährt mir durch Kragen und Ärmel. Morgen, zur Mitte der Zwölfnächte, kommt König Rowold aus Albion. Wenn der Sturmwind weht und der Regen an den Fenstern rinnt und die Wogen wüten, dann reitet er auf seinem schäumenden Renner einher, der sich aufbäumt vor dem tosenden Meere, aber sein Herr gibt ihm die scharfen Sporen, und das Ross fliegt mit kühnem Sprunge durch den zischenden Schaum. Und das wilde Heer folgt ihm und fährt durch die Luft und reißt jeden mit, der ihm begegnet.

Ich spähe angestrengt ins Grau dieses schweren Mittagshimmels und in die abreißenden Gischtlinien darin. Hier ist der westlichste Punkt des Landes, wie ein Buckel wölbt die Insel sich hier weit hinaus in die offene See. Offen nach England und bis nach Grönland hinauf, offen ins grüne Eis und ins unendliche schwarze Wasser hinein.

Es gibt Sturm.

Ja? Wirklich?, schreie ich.

Der Alte nickt und stützt seine knotigen Hände schwer auf die Betonbrüstung über dem Strand. Die schwarzen Adern so dicht unter der Haut. Ich wohne schon lange hier.

Und wo?

Seit dreißig Jahren lebe ich dort oben, brüllt er, und sein ausgestreckter Arm beginnt zu kreiseln. Erstbezug, frühverrentet. Die knotige Hand zeigt in Richtung der oberen Geschosse des Hochhauses, das als breiter Riegel direkt an der Musikmuschel und der Promenade steht. Dort, sagt er. Im achtzehnten Stock.

Sicher ein schöner Blick, sage ich.

Manchmal, schreit er, nach den Feiertagen, wenn keine Touristen mehr da sind, in den trüben Februarnächten, wenn der Nebel von Westen herankriecht übers Meer und hinauf zu mir, und wenn, wie ich weiß, alle Ferienwohnungen über und unter mir leer sind und kalt, und niemand ist da, dann passiert es schon einmal, dass sich zwischen Schlafen und Wachen eigenartige Wesen auf meinem Balkon zeigen, buckelig und verkrüppelt oder verführerisch schön, ganz egal. Deren Gesichter, denn sie haben Gesichter, erinnern irgendwie an Fastnachtsmasken. Doch keins davon lacht, alle sind irgendwie leidend, es fehlt ihnen etwas, und zugleich sind sie furchterregend. Sie stehen dann auf dem grünen Kunstrasen, den ich vor ein paar Jahren ausgelegt habe, und schauen herein zu mir, bis ich zu ihnen hinausgehe auf den Balkon. Wohin sollen wir ziehen?, fragen sie mich. Und wissen Sie, was ich antworte? Zieht nach Osten, sage ich, geht ins Licht! Der Heiland kann euch geben, was euch fehlt! Und dann ziehen sie mitten durch das Hochhaus hindurch, das ihnen wohl im Weg steht. Vielleicht, dass seit ewigen Zeiten die Wilde Jagd hier durchzieht. Nur manchmal klagen sie. Aber wir haben kein Reisegeld!, klagen sie. Früher hab ich ihnen immer einen Kupferpfennig gegeben, Gott sei Dank sind die neuen Centmünzen auch aus Kupfer, damit ziehen sie dann weiter.

Ja, sage ich. Das ist sicher richtig so, wie Sie das machen.

C.P. Hansen
Der Meermann Ekke Nekkepenn

Es war einst ein Schiff, das segelte nach England. Unterwegs kam ein starker Sturm, dass die Schiffsleute ängstlich wurden und dachten, sie sollten zugrunde gehen. In der Nacht wurde das Steuerruder unklar. Sie sahen über Bord und wurden gewahr, dass ein großer Mann seinen Kopf aufsteckte aus dem Wasser dicht bei dem Ruder. Sie fragten ihn, was er wolle. – „Ich will den Schiffer sprechen" – antwortete er. Die Schiffsleute riefen den Kapitän. Der Kapitän kam, sah auch über Bord, und fragte den Mann: „Wer bist du? Was willst du? – „Ich bin der Meermann, mein Weib soll ins Wochenbett, und verlangt, dass dein Weib kommt, um ihr zu helfen bei der Geburt." – „Meine Frau schläft, sie kann nicht kommen", antwortete der Schiffer. – „Sie muss kommen!" – rief der Meermann, – „sonst macht meine Alte noch mehr Spektakel, noch ärgeren Sturm und Seegang, und ihr geht allesamt zugrunde." – „Ich will gleich kommen" – rief des Kapitäns Frau, die alles gehört hatte. – „Man muss niemanden in Not lassen, dem man helfen kann." – Sie sprang über Bord zu dem Meermann und ging mit ihm hinab zum Meeresgrunde. – Der Sturm war vorbei, die See ward ruhig. – Unterdessen hatte der Schiffer große Sorge um seine Frau, aber es währte nicht lange, da hörte er so lieblich „Heia, heia, hei!" tief unten in der See singen, und die Wellen gingen so eben auf dem Wasser, als wenn die ganze See wie eine Wiege geschaukelt würde. – „Aha!" – dachte er – „das Kind ist schon geboren, das ist gut gegangen." – Es dauerte keine Stunde, da kam die Frau des Schiffers wieder auf aus der See und glücklich zurück an Bord. Sie war kaum einmal nass geworden, hatte den Schoß (die Schürze) voll von Gold und Silber und hatte viel zu erzählen. – Das Meerweib hatte ein Kleines gehabt, ein Ding, was wir auf Sylt ein Seekalb nennen, aber die Meerfrau meinte, es wäre so schön wie ein Engel. Der Meermann war so froh geworden, dass er der Frau des Schiffers so viel Gold und Silber verehrt hatte, als sie tragen konnte.

Der Schiffer hatte nun guten Wind, machte seine Reise schnell ab und segelte wieder heim mit seinem Weibe und Gelde nach Sylt. Allein, wenn er später wieder ausfuhr zur See, dann ließ er allezeit sein Weib zu Hause bleiben in Rantum, wo sie wohnten.

Viele Jahre nachher, als das Meerweib so alt und faltig wurde, dachte der Meermann noch oft an des Schiffers schöne und mitleidige Frau. Er beschloss, sein altes Hauskreuz zu verlassen, den Schiffer mit einem Sturm zu überfallen und zu ersäufen und dann die schöne Witwe zu freien; aber es fiel ihm nicht ein, dass die Frau des Schiffers inzwischen auch alt geworden war.

Einst sah er das Rantumer Schiff wieder über See kommen, da dachte er: Nun ist es meine Zeit. Er sagte zu seinem Weibe: „Ich will hin, um Heringe zu fischen, du musst Salz mahlen zu der Heringslauge, bis ich wiederkomme." – Denn er wusste, dann machte sie einen gräulichen Lärm in ihrem Hause beim Meeresgrunde. Als der Sylter Schiffer in ihre Nähe kam, so war dort ein solcher Mahlstrom in dem Wasser, dass er mitsamt seinem Schiffe, mit Mann und Maus versank.

Unterdessen schwamm der Meermann nach Sylt und ging ans Land auf Hörnum. Er spazierte längs dem Strande und dachte an das Weib des Schiffers. Gegen Abend kam ihm ein Mädchen entgegen, eben beim Küssethal. Er meinte, es wäre die Frau des Schiffers, aber es war seine Tochter, die ihrer Mutter sehr ähnlich war. Er hatte sich ganz und gar verwandelt, hatte sich angetakelt wie ein Sylter Seefahrer, aber gebärdete sich wie ein Nachtschwärmer und begann zu dem Mädchen mit eins (sofort) zu freien. – Sie wurde verlegen und bange vor ihm, aber er setzte ihr einen goldenen Ring über jeden Finger, band ihr eine goldene Kette um den Hals und sagte: „Nun habe ich dich gebunden, nun bist du meine Braut." – Sie weinte und bat ihn, er solle sie gehen lassen, aber sie gab ihm doch nicht seine goldenen Ringe und seine Kette zurück. Er sprach zu ihr:

„Ich mag dich – muss dich haben!
Magst du mich? – Sollst mich kriegen.
Willst du eck (nicht): – kriegst mich doch;
Mittewoch – haben wir Gelag.
Doch kannst' sagen – wie ich heiß';
Dann bist' frei – meiner los" –

Auf Sylterfriesisch
Ik mei di – mut di haa!
Meist dü mi? – Skedt mi faa.
Wedt dü ek – feist mi dagh.
Med ön Week – haa wat Lagh,
Man kjenst sii – wat ik jit,
Da best frii – best mi quit.

Darauf ließ er die Jungfrau gehen. Sie gelobte ihm, sie wollte ihm den folgenden Abend Bescheid tun, aber sie dachte, ich bekomme wohl irgendwo zu wissen, wie der Freier heißt. Doch überall, wo sie fragte, kannte man ihn nicht. – Sie ging den folgenden Abend wieder am Strande und weinte; sie ging in Gedanken immer weiter, bis sie zu Thorsecke (auf Hörnum) kam. Da kam es ihr vor, als wenn sie in dem Berge jemanden singen hörte. Sie blieb stehen und horchte. Da hörte sie deutlich ihres Freiers Stimme. Er sang:

„Heute soll ich brauen;
Morgen soll ich backen;
Übermorgen will ich Hochzeit machen.
Ich heiße Ekke Nekkepenn
Meine Braut ist Inge von Rantum,
Und das weiß niemand als ich allein."

Sylter: „Delling skel it bruu;
Miaren skel ik baak;
Aurmiaren wel ik Bröllep maak.
Ik jit Ekke Nekkepen,
Min Brid es Inge fan Raantem,
En dit weet nemmen üs ik alliining."

Als sie das hörte, da wurde sie froh. Sie kehrte sogleich
zurück zum Küssethal und erwartete ihren Freier
dort. Es währte nicht lange, da kam er auch. Sie rief
ihm zu: „Du heißt Ekke Nekkepenn und ich bleib Inge
zu Rantum." – Dann lief sie schnell nach Hause mit
ihrer goldenen Kette und ihren Ringen, und er war
genarrt.

Seit der Zeit war der Meermann böse auf alle Rantumer. Er machte ihnen Schabernack und Unglück,
wo er nur konnte. Er überfiel ihre Schiffe und Seeleute mit Sturm und jagte sie in den Grund zu seinem
alten Weibe, welches sie fing in ihren Netzen, aber
auch noch ab und zu Kinder gebar und Salz mahlen
musste, wenn Ekke eine lustige oder weitläufige Peri-
ode hatte. Er spolierte (verwüstete) zuletzt der Rantumer Land und Häuser ganz und gar durch Sand und
Flut, wie solches noch auf Hörnum zu sehen ist.

Ernst Penzoldt

Sturm

Die Nacht war sternenklar und windstill. Aber gegen Morgen erhob sich der Sturm. Er „erhebt" sich, sagt man, also wie ein Mensch oder ein Tier von seinem Lager sich erhebt. „Man weiß nicht, von wannen er kommt und braust." Wo ist der Ort seiner Geburt, wo verlebt der Sturm seine Kindheit, wann und wo wird er sich legen und einschlafen? Wächst der sanfte Windhauch, der kaum unser Haar bewegt, zum Sturm heran, der heute mit Windstärke neun über die Insel rast? Man spürt und hört ihn, aber ihn persönlich sieht man nicht. Wohl bildet er sich ab etwa in dem blondgrünen Gras, das nachgibt, aber, wäre der Sturm auch noch so stark, sich ständig bewegt. Es schmiegt sich seinem Rhythmus an. Er atmet, er zittert am ganzen Leib, vor Zorn oder aus Furcht oder Anstrengung. Es ist, als befände er sich auf der Flucht vor etwas. Das Warnsignal, die rote, zerfetzte Fahne neben der grünen Treppe am Kliff, flattert. Sie müsste, wäre der Wind stetig, doch eigentlich stillstehen wie aus Blech geschnitten.

Heute zum Strand zu gehen, ist sehr beschwerlich. Schräg, die Schulter vorn, mit vorgelegtem Körper, hin- und hergerissen, im Gang eines Betrunkenen, stemmt man sich vorwärts. Man legt sich in den Wind. Man schlottert und der Regenmantel knallt einem um die Beine. Es verschlägt einem den Atem. Es ist ratsam, nicht zu sprechen.

Der Sturm ist unberechenbar. Eben muss man alle Kraft aufbieten, einen Fuß vor den anderen zu setzen, als wate man im Lehm, da fällt man fast vornüber in eine Luftlücke, die keinen Widerstand bietet. Was da im Sturm mit einem geschieht, gleicht „stürmischen" Umarmungen unsichtbarer Liebender. Das Loslassen, Zupfen und Zerren, es ähnelt stark der Leidenschaft, den Vertraulichkeiten, den Launen und der Heimtücke des Meeres, wie es der Badende erlebt. Vielleicht, wenn der Wind gefärbt wäre, würde man Wogen und Wirbel sehen wie im Meer. Am heftigsten, unwiderstehlichsten fegt er über die Kante des Steilufers, das ihn aufhält in seinem Rennen. Nur ein kurzes Stück Wegs hat er die gesammelte Kraft. Man muss die Hand vors Gesicht halten. Wie mit Nadeln schmerzhaft stechen die Sandkörner, die der Wind mit sich führt.

Das Meer ist völlig außer Rand und Band. Es ist zum Fürchten schön. Wer es so zum ersten Mal sieht, den überkommt, wenn er natürlich antwortet, mit Recht die Angst. Es hat etwas Verzweifeltes, Gepeinigtes, bäumt sich auf wie vor Schmerz, wie ein gepeitschter Mensch. Es ist zutiefst aufgewühlt. Es leidet.

Die See brandet bis an die Dünen. Wie der Wind scheint sie auf der Flucht vor etwas Entsetzlichem zu sein, so wie sich die Sprotten vor den Makrelenschwärmen ins Seichte flüchten und lieber am Strand verenden, als gefressen zu werden. Die Brandung ebnet mühelos die Sandburgen der Badegäste ein, und die durch die Sirene alarmierte Ortsfeuerwehr muss die gefährdeten Strandkörbe in Sicherheit bringen. Drei hat das Wasser schon mitgenommen, viele unterspült und mit Sand verschüttet. Sie müssen ausgegraben werden.

An den freien Stellen des Strandes jagt dicht am Boden der feine Flugsand hin. Große irisierende Schaumknäuel treiben, sich überkugelnd und zitternd, im Wind.

Nicht in regelmäßigen Reihen wie an andern Tagen rollen die Wellen heran. Sie sind in Unordnung geraten, sie genieren einander, sind sich ständig im Wege, wissen nicht mehr, wo ein und aus. Ihr Benehmen erinnert ein wenig an den Sturm des Publikums an einer Theatergarderobe. Es herrscht rücksichtslose Panik im Meer. Die eisernen Buhnen, durch menschliche Vorsicht den Sand zu befestigen alle paar hundert Meter errichtet, schlitzen die Wogenleiber auf. Hoch spritzt der weiße Gischt und geifert die Buhnen entlang.

Die sonnengebräunten Gesichter der Neugierigen werden weiß vom Salz. Man schmeckt es, wenn man mit der Zunge über die Lippen fährt.

Unaufhörlich rauscht das Meer. Man hört die einzelnen Instrumente nicht heraus, hört nicht den Sturz einzelner Wellen. Unisono wie ein Wasserfall braust es. Es ist nicht dunkel, nicht blau, wie sonst zuweilen: Es ist blond und weiß, weit hinaus.

Unbeirrt schweben im Gleitflug, vom Aufwind getragen, die Silbermöwen den Grat der Dünen entlang. Ihre Flügel zittern wie die Tragflächen der Flugzeuge. In unheimlicher Geschwindigkeit ziehen, quer zum Sturm, Schwärme von Strandläufern ein paar Meter nur über das entfesselte Wasser dahin, diese kleinen, zerbrechlich wirkenden Vögel. Im Hui sind sie vorüber.

Wenn man dann ordentlich durchgeblasen, nun den Wind im Rücken und sich an ihn lehnend, den Mund und die Ohren voll Sand, mit brennendem Gesicht sich nach Hause wehen lässt, ist einem nach einem steifen Grog zumute. – Nach zwei Tagen liegt die Nordsee ruhig wie ein nasser Lappen, als wenn nichts gewesen wäre.

Gustav Falke
Thies und Ose

In Wenningstedt bei Karten und Korn
erschlug einst ein Bauer in jähem Zorn
seinen Gast. Thies Thießen war stark,
und der Hansen ein Stänker um jeden Quark.

Nun lag er bleich und im Blut auf dem Stroh.
Aber wo war Thies Thießen? Wo?
Sie suchten ihn und fanden ihn nicht,
und der Galgen machte ein langes Gesicht.

Ose, des Mörders Weib, kam in Not.
Vier Kinder wollten von ihr Brot.
Ihr Kram ging zurück. Stück für Stück
ward verkauft, und sie suchte bei Fremden ihr Glück.

Doch stand sie in Ehren bei jedermann
und tat ihnen Leid. Die Zeit verrann,
und Thies Thießen war und blieb
weg, als wäre die Welt ein Sieb.

So wurden es Jahre. Auf einmal fing's
zu tuscheln an, bis nach Rantum ging's:
Habt ihr gesehn? Schon lange. Nanu!
Meint ihr? Und sie nickten sich zu.

Sie war doch sonst ein ehrlich Weib,
nun schreit ihre Schande, das Kind im Leib.

Mit wem sie's wohl hält? Das Mannsvolk ist toll!
– Das war ein Geschwätz, alle Stuben voll.

Die fromme Ose ertrug es in Scham,
kein Wort über ihre Lippen kam.
Nur einem fraß es am Herzen und fraß,
bis ihm der Schmerz in den Fäusten saß.

Und eh sich's die Lästermäuler versahn,
stand er auf: Ich hab's getan!
Und standen alle und glotzten sehr:
Thies Thießen? Gott sei bei uns! Woher?

Nicht verrat ich das Dünenloch,
und ihr findet es nimmer. Sie aber fand's doch.
Und geht's um den Hals, das Kind ist mein.
Und verdammt, wer's nicht glaubt! Ich bläu's ihm ein.

Und er sah elend aus und schwach,
und er hielt sie wie ein Gespenst in Schach,
bis ihnen allen allmählich klar,
dass der da wirklich Thies Thießen war. –

Der Hansen war tot, von keinem vermisst,
ein Säufer war er und schlechter Christ.
Aber der Thießen, ein Kerl ist er doch!
Und die Ose, gibt's eine Bravere noch?

Alle die Jahre in Elend und Not
teilte sie ihr Hungerbrot
treulich ihm mit. Und jetzt weinte sie da
an seinem Hals. Es ging allen nah.

Sie kauten und spuckten und sahen sich an
und schoben sich sacht an Thießen heran
und brummten und schüttelten ihm die Hand.
Das war ihr Gericht. Und so blieb er im Land.

(Erstdruck 1902)

Peter Suhrkamp
Die nordfriesische Insel

Die Insel – auf der Karte ist sie wie ein dünner Anker vor der Westküste Nordschleswigs – liegt gleicherweise in der Luft – um nicht zu sagen im Himmel – und im Wasser, und obgleich man von ihr aus nach Norden, Osten und Süden Land sieht und ein Bahndamm sie seit über eineinhalb Jahrzehnt mit dem Festland verbindet, ist man auf ihr von allem so fern und geschieden, dass es einen Entschluss und Anstrengung kostet, sich der Verhältnisse auf dem Festlande zu erinnern. Alle Sinne sind im Augenblick des Betretens der Insel von dieser vollauf in Anspruch genommen und ausgefüllt, und das Gemüt ist entweder verschüchtert oder betäubt oder beseligt. Die Insel kann wüst, öde und lichtlos angetroffen werden, auch in einer hellen Nüchternheit, einer frühen Klarheit, auch als seliger Spiegel überirdischer Schönheiten, aber nie ist sie nur einfach schön und gar nie lieblich, selbst nicht in der schönsten Zeit, wenn ein Tag oder ein Jahr am Himmel über ihr die Nachfeier halten. Sie ist nie dieselbe und doch stets unverkennbar die Insel. Wie sie sich darbietet, das ist in keinem Augenblick nur ihre eigene Natur, immer ist auch etwas anderes dabei. Wer Erinnerungen an viele Orte in den verschiedenen Zonen der Erde mitbringt, der kann sich auf der Insel in einer homerischen Bucht oder auf einem schottischen Moor, in einem hochgelegenen Gebirgstal oder in der Sahara, in einem norddeutschen Dorf des 16. Jahrhunderts oder, wie jemand versicherte, sogar unter tibetanischem Himmel wiederfinden. Um das zu finden, muss ein Mensch allerdings mit dem Gemüt offen unter den beweglichen Winden der Fantasie liegen, wessen Inneres aber selbstständige Geister, lichte oder dunkle Kobolde beherbergt, der kann sie auf der Insel schwer im Zwinger halten; ein steifer Kopf und eine vernünftige Ordnung in den häuslichen Dingen und Geschäften sind auf der Insel notwendig, um sich selbst zu behaupten.

Um aber zunächst festen Boden unter den Füßen zu haben: Wenn der Zug, über Husum, Niebüll, Klanxbüll auf dem Festland, den Damm durchs Wattenmeer passiert hat, durcheilt er einen schmalen Streifen niederer Marschwiesen, die der Insel vorgelagert sind. Dann verschwindet er für eine Weile in einem Hohlweg, der durch einen Sand- und Heiderücken schneidet. Nicht gerade an seiner höchsten Stelle, sondern rechts von der Bahn, gegen Norden, steigt das schräge Heidedach noch weiter an, bis seine Höhe, im Morsumkliff, jäh und steil ins Wattenmeer abfällt, das hier, wie auch im Süden, in einer weitläufigen Bucht gegen die Insel andrängt. Die Heidehöhe ist gegen den Beginn der Insel schwach geneigt, und dort entdeckt das Auge, als gäbe es sonst nicht Wasser genug zu sehen, einen kleinen schwarzen Süßwasserteich. Er wäre nicht erwähnenswert, wenn er nicht, so klein er ist, jedem auffiele, als wäre er groß wie ein See. Und so wie dieser Teich fällt im Innern der Insel jede Wasserkuhle auf, und an jede hat die Inselbevölkerung eine Geschichte geknüpft, sei es auch nur, dass sie von einem Meteorfall herrühre. In der Heide findet man Büschel des reinrutigen Stachelginsters, die goldgelben Blütenköpfe der hochstängligen Arnika, an den Hängen kleiner Hügel glänzende Inseln von Heidebeermoos, an geschützten Stellen vereinzelt blauen Enzian und sogar kleine Orchideen.

Von der Höhe des Morsumkliffs gegen Norden sieht man diesen Teil des Wattenmeers wie einen großen See mit weiträumigen Buchten und an dessen jenseitigem Ufer eine dunkle Bank mit einer hellen Hügelkette darauf. Im ruhigen Wasserspiegel steht das Bild eines geräumigen Himmels mit getürmten Wolkengebirgen in einem hellen Blau. Aber das Wasser tritt bei Ebbe weit zurück und läuft bei Flut auf, im Nordosten entdeckt das Auge endlich zwischen der ausgelaufenen Inselspitze und der flachen dänischen Insel Röm dahinter das Tor in die offene Nordsee. Auf der andern Seite der Bahn, gegen Süden, fällt der Heiderücken zu den Marschwiesen hin ab. Auf kleinen Erdaufwürfen stehen einzelne Häuser, die Wände aus rotem Stein und weiß gefugt oder ganz weiß getüncht, die Eingangstür grün oder blau unter einem kurzen spitzgiebligen Querdach, die Fenster im Wohnteil rechteckig und aus vielen kleinen Scheiben in der Fläche, in Stall und Scheunenteil halbrund wie Augen unterm Reetdach, das der First aus Grassoden mit einem breiten bemoosten Band hält. Fast immer sind es einzelne Häuser, keine Gehöfte, und sie stehen kahl, ohne Verkleidung durch Busch und Baum, auf ihren Hügeln, die Mauern ohne Übergang auf die Sohle aufgesetzt. Die Ruten eines windzerzausten Holunderstrauchs verhüllen in ihrem Laubgebüsch selten die nüchterne Klarheit des Mauerwerks. Als Hintergrund die strahlende oder graue Fläche des Wattenmeers, auch hier gegen die Insel weit ausgebuchtet und mit einer mannigfach schattierten Hügelkette über den Ufern.

Nur kurze Zeit fährt der Zug auf seinem Weg gegen Westen in dem Hohlweg, dann kommt er in niederes Wiesenland und danach in flach hingelagerte Geest mit verstreuten Bauernhäusern in von Feldstein- und Erdwällen eingefassten Hofstücken. Innerhalb der Wälle sind Gärten mit Rasenstücken, gezirkelten Blumenbeeten, geraden Wegen und kleinen Gemüseäckern, und immer wieder Holunderbüsche. Stellenweise rücken die Häuser an einem Weg zu einer bäuerlichen Siedlung zusammen, Pappeln, Eschen und Espen, kurzstämmig und in den Kronen wie breite Dächer, binden sie nur spärlich zu einer dörflichen Nachbarschaft. Für den Menschen in den niederen Küchen- und Wohnräumen des Hauses kann es schon ein großes Glück bedeuten, wenn sommers vor dem kleinen Fenster im blendenden Licht überhaupt ein Schatten liegt, oder in der grauen Mittagsluft langer Wintermonate eine Rute schwankt oder unbewegt im Fensterausschnitt steht. Wind und Stille ums Haus her haben durch Laubwerk und Geäst einen andern Klang, die große Monotonie, die im Lauf der Zeit lastend in die Gemüter fällt, ist gebrochen.

Jetzt fahren wir offenbar am Grunde eines flachen Beckens, denn der Spiegel des Wattenmeers ist überall hinters Land getaucht. Rechts führt ein Weg zwischen Hecken von der Bahn fort und mündet in eine Allee hoher Bäume. Am Ende derselben beginnt ein geschlossenes Dorf unter Eichen, Ulmen, Eschen, Platanen und Erlen, mit Weißdorn und Haselnusshecken an planlos verlaufenden Wegen, in Grasgärten große Obstbäume, Maispflanzen und hohe Sonnenblumen an den Rändern von Gemüsebeeten. Der Ostrand des Dorfes Keitum liegt übers Wattenmeer gehoben, das hier in einer stillen Bucht mit einem breiten Gürtel von hohem Schilfdickicht auf den Sand stößt. Die alten Häuser stehen um eines Gartens Länge vom Rande zurück, dichte Dornenhecken schließen die Gärten hart über dem Rand der Höhe ab. Nördlich des Dorfes steigt das Bodenbecken noch höher, die Dorfbäume und Gartenbüsche bleiben zurück, und auf der äußersten Höhe steht, wie ein ausfahrendes Schiff, hoch hinaufgehoben und mit einem steilen Giebeldach des breiten Turmes gegen das Inselinnere und die offene Nordsee, die Kirche; nur in dem Windschatten ihrer weiß getünchten Mauer wuchert noch stellenweise ein Gebüschdickicht, kaum an den unteren Rand der frühgotischen Fenster hinaufreichend. Den

Kirchhof fasst ein Feldsteinwall im Rechteck ein, hinter dem östlichen Wall überm Abhang zum Watt bildet das Gebüsch noch eine geduckte Hecke. Die Kirche steigt in Stufen von einer gerundeten Apsis mit nur einem Rundbogenfenster zu einem kurzen frühgotischen Chor, zu einem gestreckten Langschiff und zum gegiebelten breiten Turm. Dieser hat nichts von einem Glockenturm, sondern ist ein Wacht- und Wehrturm, kahl und massig, nur mit der dünnen Zeichnung der eisernen Mauerklammern ragen die Mauern aus Granit, Ziegel und Quaderstein aufgeführt.

Wer den Weg an der Keitumer Kirche vorbei nach Norden weitergeht, wandert bald, hinter Ackerfeld und Wiese, in baum- oder buschlose weite Heidemulden hinab. Darin folgen die Zeichnungen der hellen Wege voll Empfindung den sanften Bewegungen des Bodens nach und deuten die mannigfaltigen Becken an, aus denen die Mulde im Grunde besteht. Über dem braunen Heideboden steht ein lilafarbner Ton, der je nach der Tageszeit sein Rot oder Blau stärker heraustreten lässt, und darüber hin spielt der Himmel an hellen Tagen noch einen silbrigen Perlmuttschimmer. Am jenseitigen Hang der Mulde stehen verstreut einige Häuser im wallumzogenen Geviert einer Schaf- und Kälberweide; weiter oben näher zusammengerückt, innerhalb der Wälle von den Ruten der Gebüsche und dem dichten Gelaub unterm Wind geduckter Bäume verwuchert, zu einer dörflichen Siedlung zusammengeschlossen. Jenseits weiß der Inselkundige dann die Kampener Heide.

Der allgemeine Weg auf die Insel ist mit der Bahn, weiter nach Westen zu erreicht man kurz vor dem Meeresstrand der Insel den Ort Westerland. Den Kern des alten Westerland trennte früher vom Meer die breite Dünenkette aus Flugsand, die auf dem steilen Kliff der Westküste in ihrer ganzen Länge die Insel vom Süden bis Norden überzieht und von der Küste stellenweise in das Innere der Insel hereinlangt. Das alte Westerland kann man nur noch in der Anlage von einigen Häusern finden, im Übrigen sind sie entstellt durch aufgebaute Stockwerke, angebaute Speisesäle und große Auslagefenster. Als gegen das Ende des 19. Jahrhunderts der Zustrom von Badegästen anwuchs, wurde der Ort rasch zum Meer hin in die Dünen und auf ihre Hänge weitergebaut. Man sieht heute noch, dass es nur darauf ankam, rasch Unterkunftshäuser mit vielen Kammern und einem größeren Speiseraum, Läden für die Bedürfnisse und die Langeweile der Badegäste und Vergnügungsetablissements aufzustellen, alles für eine kurze Sommersaison, ohne die Solidheit der Bürgerlichkeit, dafür mit billigen Andeutungen ihrer romantischen Exoterien erstellt. Da von den Gästen keiner daran dachte, sich hier am Meer einen Sitz für ein sinnvolles Leben in Beschauung und Arbeit zu bauen, ist das Provisorische und Enge charakteristisch für den Ort geworden. In dieser Art hat sich der Ort heute über die Dünen bis aufs Kliff vorgeschoben, die Dünen unter ihm sind eingeebnet, und nur im Pflaster kleiner Seitengässchen und den Wasserrinnen der Straßen trifft man lockere Stellen, die verraten, dass der Dünensand unter dem Ort nicht zur Ruhe gekommen ist. Die heutigen Einwohner Westerlands haben ihr Leben vollständig auf die Badesaison und die Fremden eingestellt, das hat ihrem Wesen etwas Doppelbodiges gegeben. Kann es etwas Unverlässlicheres, Wechselnderes, Launischeres und Oberflächlicheres geben als Badegäste? So war zwischen die Inselbewohner und ihr herkömmliches Leben etwas gekommen, dem nur mit Verstellung, Pfiffigkeit und Geiz beizukommen ist. Das Leben auf der Insel hing ursprünglich von Mächten ab, denen man nichts abdingen, sondern nur mit ungeteiltem Einsatz etwas abringen konnte: dem Himmel, dem Meer und dem Schicksal. Das Schicksal, wie der Wind wechselnd und wie der Nebel undurchsichtig, prüfte sie bis in ihr Inneres, da wäre Verstellung völlig nutzlos. Für die Großväter noch waren die Badegäste nur eine zeitweilige Draufgabe, den größeren Teil ihres Lebens füllte noch die vom Inselschicksal gestellte Arbeit, die Heutigen haben mit der Betätigung an der gewinnbringenden Ausnützung der Saison und mit der Ablösung ihrer Kräfte von der unmittelbaren Berührung mit den zeitlosen Mächten der Insel auf das Schicksal verzichtet.

Von Westerland aus wendet man sich am besten dem Norden der Insel zu, denn der schmale Süden, eine lang gestreckte Landbrücke, ist von Dünen ganz bedeckt, während auf dem Nordteil, bis über Kampen hinaus, hinter den auslaufenden Dünen der Inselrücken noch in ebenen Flächentafeln mit Feld und Heide, Wegen und vereinzelten Anwesen, weit gegen Osten gespannt ist, bis er in einem Hang zu den Wiesen und dem grün- und blausilbernen Wattenmeer abfällt.

In der Umgebung des Ortes Kampen gewinnt die Eigenart dieser Insellandschaft so konzentrierten Ausdruck, dass sie einzigartig wird, mit keiner andern Landschaft zu vergleichen. Südlich von Kampen auf einer ebenen Heidefläche ist seit vielen Jahren ein vierkantig behauener Feldstein aufgestellt. In der Heide ist um ihn her ein längliches Feld, so groß wie ein Acker, an den vier Ecken abgesteckt. Auf dem Wege von Kampen nach Braderup, dem nächsten Ort südlich von Kampen auf der Wattseite, der nicht weit daran vorbeiführt, dünkt einem der Stein da auf der planen Heide, wenn kein Denkstein, eine Sonderlingslaune. Ein paar Hügelgräber aus der Vorzeit, die näher zum Watt als gestreckte Buckel oder Kegel herausragen, scheinen bemerkenswerter. Steht man aber an dem Steinmal, findet man sich im Zentrum einer Landschaftsarchitektur, im Schnittpunkt von drei glatten Flächen, die selbst im Unendlichen des Raumes stehen. Vor den Füßen eilt der ebene Heideboden hemmungslos fort in die Weite. Die Erde unter den Füßen wird fremd, auf der zum Himmelsrand fließenden Fläche wandelt sie sich in der Sonne in unwahrscheinliche Farben, die trotz ihrem dunklen Grund die Schwere des Dinglichen verloren haben. Weiterhin wächst die Fläche in eine märchenhafte Stimmung fort, in der Düne und Strand als leichte Spiegelungen erscheinen. Die gewohnteren, festeren Dinge in der Nähe, die Häuser hinter den Mäuerchen aus Steinfindlingen und Heidesoden, das graugrüne Laubgebüsch mit dürren Ruten wie Mähnen im Sturm darüber hingerissen, die gründunklen Hügel der Steingräber, gleiten in Zeilen in die Ferne fort. Nirgends aber wird das Rund des Himmels erreicht, denn davor steht die in Blau, Grün und Silber fließende Tafel des Meeres. Über dessen Rand hinaus reicht die Weite, denn dahinter segelt ein loser Kranz von kleinen und großen Wolkenbäuschen unter der blendenden Tafel des Himmels. Und der Himmel, nirgends so hoch und zugleich so nah wie über diesem unauffälligen Stein, treibt in der zehrenden Luftweite über dieser Hochfläche selbst im Winde fort. Bei diesem Stein ist nichts mehr Nähe.

Im Orte Kampen, dessen Häuser sich an den Bodenwellen eines Dünenausläufers gegen das Inselinnere ausrichten, gibt es an einem Gasthaus eine Gartenterrasse gegen Norden, dort könnte ich im Windschutz tagelang still sitzen und nur ausschauen, denn dort wird alles Nähe. Jenseits einer in breiten Mulden und Buckeln gelagerten Heide ruht zwischen dem Spiegel der offenen Nordsee, auf dem die weiße Brandungswelle anläuft, und dem Spiegel des Wattenmeers, wie ein breiter Gebirgszug die Insel bis in die äußerste Spitze füllend, die Dünenlandschaft, aus runden Buckeln, glatten Kegeln, scharfkantigen Pyramiden, Kränzen kleiner Hügel auf breiten Sandrücken und lang gestreckten Sanddächern mit scharfen Graten und schräg abhängenden Tafelplatten. Die Farben gehen vom blendenden Weiß nach Gelb und Ocker,

Braun und Lila, Licht und Schatten liegen in hart umrissenen Tafeln darauf. Mit dem Wind wandern Himmelsschatten darüber her, in der Luft flimmert es wie von bewegten Spiegeln. Mittags steht das äußerste Ende in einem weißen Glutschein, der vom Sand ins Blau der Luft hinaufstrahlt. In dieser Landschaft weiß ich schmale Pfade durch gewundene Täler, Saumwege über glatten Abhängen, runde Krater auf herausgehobener Höhe, breite Talmulden und höhenumkränzte Talkessel. Bloßer Sand mit dem Gekrakel von Vogelfüßen, Kaninchenstapfen und Stapfen von Schafhufen, Teppiche von Moosen und Flechten, Steppen von Sandgras, Stachelginsternester und Strandhaferschöpfe. Das Wattenmeer legt Schilffelder vor eine vorgeschobene Höhe und schiebt sich mit stillen Buchten in die Niederungen zwischen zurückweichenden Dünen. In einem Winkel liegt die undurchdringliche Wildnis aus Sanddorn, Weiden, Ahorn, Pappeln, Riesenfarnen in den Windschatten der Dünen geduckt, mit einem unheimlichen Teich inmitten: einer Vogelkoje.

Auf der Nordseeseite liegen die Dünen auf einem hohen steilen Kliff. Vor ihm hat das Meer einen breiten Sandstrand abgelegt, auf dem die Wogen an stillen Tagen auslaufen; an anderen hat das Meer sich bis zur Höhe des Kliffs gewälzt und im Sog des ganzen Ozeans Dünen und Inselgrund abgerissen und hinausgetragen; und an wieder anderen Tagen hat der Sturm den losen Sand von der breiten Tenne des Strandes zu gestreckten dünnen Wellen an das Kliff getrieben, und die Sandwellen türmten sich vor der Steilwand, bis sie die abbröckelnde Kante oben überstiegen.

Aber selbst dieses Panorama würde für den Schauenden auf der Gartenterrasse einmal erschöpft sein, wenn es an zwei Tagen und selbst in zwei Stunden das Gleiche wäre. Die Gewalt im Meer und im Sturm schafft gewiss große Veränderungen, und ihre Wirkungen faszinieren den Menschen wie überall, aber die Größe des stillen Himmels, in der das Inselpanorama klein eingeschlossen liegt, gibt erst das Unerschöpfliche. Eine Landschaft im Binnenland ist gefügt und geordnet durch das Maß der Felder und Hügel und durch den Zusammenlauf der Flächen und Höhen; Sinne und Geist bleiben im Gemessenen und sind stets unterwegs nach dem Verstellten und Verborgenen. Die Insellandschaft liegt in einer Kugel, und eine andere Schicht in dieser Kugel, nicht etwa ihre runde Hülle, ist der Himmel. Eine alte Menschheitsvorstellung, nach der die Welt sich aus mehreren Scheiben oder Sphären aufbaut, lebt am Rande des Kontinents auf der Insel wieder auf. Als Kinder hatten wir Kugeln aus massivem Glas mit eingeschlossenen farbigen Bändern, Flächen, getürmten Bergen, Gewölk, Farnwäldern, Zinnen von Türmen und von Burgen über Städten, auf verschlungenen Ebenen durchzogen. Wie in einer solchen Kugel erlebt man die Welt auf der Insel; im Hochgebirge, wenn nur noch die Felsberge vor einem liegen, kann sie einem auch so erscheinen. Das ist auf der Insel keine bloße Impression, sondern wer auf ihr lebt und empfindlich ist für die Geister der Wasserzüge unter der Erde und für die Luftgeister, die nicht nur auf den Sturmwolken, sondern ebenso in der Stille des Sommermittags auf einer blauen Scheibe ihr Wesen treiben, für den wirken auf der Insel verschiedene Welten auf verschiedenen Ebenen in- und durcheinander.

Alles auf der Insel ist ganz nah und gegenwärtig und zugleich in einer gläsernen Ferne. Im Innern der Häuser selbst kann nichts verborgen bleiben. Weil daher die Bewohner der Insel alles voneinander wissen, bis in die menschlichen Abgründe sehen, lebten sie vor alters verschwiegen und auf der Hut vor jedem Menschen, und ein öffentliches Ansehen wurde streng gewahrt. In dem einschichtigen Haus dort in der Mulde, kaum fünf Minuten von der Terrasse, wo der Weg über die Kampener Heide zwischen zwei Hügeln heraus ins Watt tritt, kann die tiefe Weltabgeschiedenheit durch den Lärm der Wasservögel nicht gestört werden, die in der Bucht und auf der Wattwiese nebenan ihre unruhige Ratsversammlung halten. Mitten im Grün der Wattwiese leuchten rote Inseln des Queller in Blüte, und am Rande der Wiesen ist das Grün hellgrau gesäumt von Stauden des Seewermut.

An einem Abend im Frühjahr ging ich aus Kampen, dessen Häuser immer mehr in das Lilabraun der Heide und des Abends einsanken, einen Weg gegen das Wattenmeer. Der Weg senkte sich, bis er in einer tiefen Mulde lief. Von einer Wegbiegung aus erschien das Muldenende als klar in die Luft gezeichneter Himmelsausschnitt, davor stand wie eine aufrechte Tafel das Meer in Farben von einer Eintönigkeit, die zugleich melancholisch und heiter stimmt: ein ineinander gesponnenes Grün und Grau mit Spiegeln aus Silber. Im Weitergehen hatte ich nicht das Gefühl näherzukommen, sondern hineinzugehen. Links und rechts sanken die Heidehöhen rasch hinab. Jenseits einer offenen Bucht, weit und hoch und einsam, lag dann die lange Dünenkette in ihrem eigenen Licht, das eher monden war als irgendeinem anderen Licht vergleichbar und das aus ihrem Innern als glasiges Gewebe hervortrat, die Meerfläche und den Himmel überspann; auf solche Weise glaubte man durch das Kleid aus Moosen, Flechten und Sandgras in sie hineinzublicken. Die glasige Nüchternheit verschlug mir fast den Atem, denn sie drückte auf das Herz. Ich war in einen Bannkreis getreten, in dem noch der Zauber seine Macht übt. Er ging von den Gipfeln der Dünen aus, die, hoch über den mondweißen Feldern der Hänge, durch die kühlen Lichtspiegel stießen, deren Scheiben den oberen Raum stuften wie Böden den Dachraum eines Hauses; und sein glasiges Gespinst lag über den schwarzen Heidemulden des Insellandes, den Häusern der Siedlung und den kalkweißen Spiegeln der Meerfläche. Eine Stille herrschte, die nur mit einem

Ausdruck bezeichnet werden kann: gewaltig. Ja, sie war von der gleichen Gewalt wie das Tosen eines Orkans zu anderer Zeit, der den Wasserberg einer Sturmwoge durch die Luft trägt und auf das Kliff wirft, und von dem die Luft über der Insel dann dröhnt wie ein gespanntes Trommelfell. Im Brüllen des Orkans hört man diese Stille, und in der Stille ist die Gewalt des Orkans; Orkan und Stille sind Äußerungen der gleichen Natur. In dieser Welt gilt das menschliche Wort nichts, weshalb man nicht selten Menschen trifft, die, wie Geistesgestörte, sinnlos Wörter aus einer ohnmächtigen Sprache vor sich hin sagen; auch denken ist so unmächtig wie das plappernde Selbstgespräch. Stattdessen tritt eine andere Gabe aus dem Menschen: Hellsicht; in ihrem Schein geht er auf dem Weg am Strand entlang und den steinigen Pfad über die Heide zurück und redet wahllos lustige und traurige Worte.

Ludwig Harig
Zwischen Sansibar und Samoa

Wie kommt man nach Sylt? Am besten mit Fantasie. An jedem Zeitungskiosk auf der Insel wird eine Ansichtspostkarte verkauft, auf der ein Zug der Bundesbahn bei Sturmfahrt über den Hindenburgdamm zu bestaunen ist. Haushohe Wellen schlagen über den Waggons zusammen – eine bedrohliche Szenerie. Beim genauen Hinsehen jedoch erkennt man die List der Collagekunst: Die Wellen stammen von einem ganz anderen Bild, sie sind mit der Schere ausgeschnitten und effektvoll in den gewünschten Zusammenhang geklebt.

Auf der Insel Sylt ist alles anders, als man's kennt. Es gibt Sturmtage mit Regen, Sturmtage ohne Regen, Dunsttage, Nebeltage, Sonnentage, doch immer kommt's einem vor, als sei der Regen regnerischer, der Dunst dunstiger, der Nebel nebliger als anderswo, und wenn die Sonne scheint, ist es auf der Insel Sylt sonniger als im sonnigsten Landstrich der Erde. Die Dünen sind Saharadünen, die Strände Südseestrände: Als Max Frisch nach wochenlangem Aufenthalt von Kampen nach Keitum kam und wieder einmal Bäume sah, schrieb er in sein Tagebuch: „Was wir Landschaft nennen: das grüne Vergessen, dass wir auf einem Gestirn wohnen."

Hier dreht sich das Gestirn nach dem Sylter Uhrzeigersinn, und wir fragen: Wo ist hinten, wo ist vorn? Wo ist oben, wo ist unten? Wir suchen uns Inselwege auf der Karte heraus, mit Vorbedacht und mit Fantasie.

Wenn wir schon einmal zu einer Kirche pilgern, dann liegt sie am Heidrand, wo die Welt mit Brettern zugenagelt ist. Und wenn man hinkommt, ist auch dort alles anders als erwartet. In St. Severin zum Beispiel, abseits von Keitum auf der Geest gelegen, trägt Justitia statt Augenbinde, Waage und Schwert ein blutendes Herz in der Hand, die Steinlöwen als Füße des Taufbeckens sind verkommene Untiere aus orientalischen Wüsten, und von dort scheint auch der sehnige Gesell herzukommen, der als geschnitzter Christus über dem Altar steht: ein friesischer Bursch im Lendenschurz, mit langen, dünnen Beinen und gestutztem Bart, ein besessener Seefahrer, der von langer Reise zurückgekehrt ist, damit er seinen Landsleuten die Barbarei austreibe.

„Jesus lebt!" steht über dem Türbalken eines Westerländer Kapitänshauses zu lesen; der alte Marineflieger, der hier wohnt, tritt aus dem Haus, sieht uns über den Friedhof der Heimatlosen spazieren, kommt zu uns zwischen die Gräberreihen und beginnt zu erzählen. Er pflege die Gräber, sagt er, aber jedermann gehe achtlos vorüber, und die Sommertouristen seien noch gedankenloser als jene, die im Winter nach Sylt kämen. Hier sei eine Stätte der Einkehr, denn hier seien die namenlosen Gestrandeten aus dem vergangenen Jahrhundert beerdigt, all die armen Seelen, die bei Westerland und Rantum an Land gespült wurden und den ersten Badegästen ein grässlicher Anblick waren. Nur Harm Musker aus Holtersehn habe man nach Strandung der „Gerhardine" am 3. Oktober 1890 identifizieren können, ein Schlüsselbund mit seinem Namen habe er bei sich getragen, doch die Eltern hätten den Sohn bei seinen toten Kameraden ruhen lassen wollen.

Der alte Herr zeigt uns den Stein aus rosa Granit, den Carmen Sylva, die Königin aus Rumänien, dem Friedhof als Gedenkstein gestiftet hat. Ihm ist eine Gedichtstrophe des Pfarrers Kösel eingemeißelt, darin reimt sich „Eiland" auf „Heiland", ein seltener, fast ein exotischer Reim, doch was kommt hier auf dieser fremdartigen Insel auf natürlichere Weise zusammen als ein solcher Reim? Auch selbst gedichtet hat die rumänische Königin, das wissen wir aus unserer Kinderzeit: In den dreißiger Jahren strotzten die Poesiealben der Mädchen von Carmen-Sylva-Versen mit riskantem Hintersinn: „Die feinsten Reben fordern / Nicht lauter Sonnenschein; / Erst Reif und Nebel zeugen / Den reichen Feuerwein."

„Eine Märchenkönigin!", ruft der Marineflieger aus, „hier in Westerland hat sie in den Dünen gesessen und den Kindern ihre Märchen vorgelesen. Am andächtigsten, so wird immer noch erzählt, lauschten sie den Märchen aus ihrem Königreich." Sylt hatte sich in Transsylvanien verwandelt, kein Wunder, wenn Peter Suhrkamp sich in der Sahara, Ernst von Salomon sich am Strand von Abessinien wähnte!

Uns geht's ja nicht anders. Als wir gestern den breiten Strand von Sansibar nach Samoa entlangspazierten, stutzten wir plötzlich und blieben wie versteinert am Ufer stehen: Vor uns im Sand lag ein Kamel, tief eingekauert in eine Kuhle, und barg den Kopf auf den Vorderhufen. Beim Näherkommen stellte sich zwar heraus, dass es nur ein angeschwemmter Baumstamm war, zum Tierkörper verdreht, zur Tierschulter verbogen, zum Tierkopf gedrechselt und rundum mit gebleichtem Tang behaart, doch auf dem Parkplatz von Samoa begrüßte uns das gelbe Schild mit dem Dromedar von Camel, und in Westerland, beiderseits der Treppe, die von der Kurpromenade zur Strandterrasse hinaufführt, saßen zwei steinerne Pferde – mit Schwimmfüßen, wie sie sonst nur in „Tausendundeiner Nacht" vorkommen –, und wir begriffen, wie morgenländisch Europa dort ist, wo man es am abendländischsten glaubt.

Das Lamm aßen wir nicht in Mekka, sondern bei Ekke Nekkepen, es schmeckte nach Lebkuchen und türkischem Honig. Der Kellner stand wie ein muslimischer Tafelmeister an unserem Tisch und fragte:

„Hat es Ihnen geschmeckt?" Als ich sagte: „Ganz exotisch" und er argwöhnisch die Stirn runzelte, fügte ich rasch hinzu: „Wir kommen aus dem Orient."

In die Dünen geschmiegt, liegt das reetgedeckte Haus der Freundin, worin wir wohnen. Wir schauen über den vordersten Dünenbuckel auf die Brandung der See, es sind nur ein paar Schritte über den Holzsteg zum Strand hinunter, wo schon die ersten Touristen unterwegs sind. Der Inselkenner schreitet in Versteinerungen, er tritt auf Krebsknollen und Kieselschwämme und denkt in Jahrmillionen; der Feriengast geht im Strandgut, er scharrt im Sand, stößt auf Fischbein und Austernkalk und sammelt Muschelschalen in sein Taschentuch; wir sammeln nicht, wir denken nicht, unkundig, wie wir sind, tappen wir in Ölfladen und sitzen hinterher auf der Haustreppe, um die fettigen Krusten von den Schuhen zu kratzen.

Uns tragen die Füße weit. Wir erkunden die Südspitze der Insel, wo das Land jedes Jahr ein Stück abbröckelt, und wir spähen den Ellenbogen im Norden aus, wo die Dünen wandern und nicht einmal im Winter zur Ruhe kommen. Und doch haben sich die Zeiten geändert: Pidder Lüng auf Hörnum ist lieber tot als Sklave gewesen; heute kooperiert die Lister Schifffahrt mit dänischen Reedern. Die Strandräuber sind nicht wiedergekehrt, doch immer noch herrscht raue Sitte: In der Bücherstube von Hörnum gibt es statt Büchern selbst gebackene Krüge, Mickymaus- und Donald-Duck-Figuren, und im Hafen von List öffnet sich das Sperrholzportal von Gosch zu Scampi-Grill und Fischbrötchen-Theke.

Die Fisimatenten werden nach wie vor in Kampen gemacht. Es wird erzählt, die Dichterfürsten von einst hätten sich zu modernen Medienpäpsten gemausert: Hier könne man Talkmaster und Chefredakteure in Turnschuhen und Wollsachen sehen, die sonst nur mit Schlips und Gilet auf der Mattscheibe zu erblicken seien. So ist alles an seinem Platz, und auf die Elemente ist auch Verlass. Die Erde ist sandig, das Wasser salzig, die Luft jodhaltig, und man braucht nicht zu befürchten, einen Kropf zu bekommen wie in Oberbayern.

Am südländischsten empfanden wir es im Watt, am afrikanischsten im Rantumer Becken, wo auf den Süßwiesen mannshohe Gräser wachsen. Als wir über die Deichkrone spazieren, pfeifen Rotschenkel und Ringelgänse im Schilf, Austernfischer und Säbelschnäbler segeln über Wassergräben, Rehe stehen weitab im gelben Gras. Jeden Augenblick könnten Antilopen ins hohe Gestrüpp, könnten Zebras zur Tränke an einem Tümpel treten, und was wäre, wenn einer der steinernen Löwen vom Keitumer Taufstein sich am Blute der Justitia das Leben erschlürfte und hierher ans Rantumer Becken geschlichen käme, um Zebras und Antilopen beutegierig aufzulauern? Es würde uns so selbstverständlich erscheinen wie das Suahelischnurrbarthaar am Kattegat in dem Gedicht von Ringelnatz – so südländisch ist das Nordmeer, so afrikanisch das friesische Dünenland!

Es ist zwar noch nicht auf Frühling eingestellt, Strandhafter und Heidekraut leuchten herbstmodefarben, und es wird noch eine Weile dauern, bis in Kampen die Nackten an Buhne 16 ihre Plätze eingenommen haben, doch die Gastronomie ist jetzt schon gerüstet: Der Koch von Sansibar brät die Seezunge im März so knusprig wie im September, die Fischfiete brilliert mit Pannfisch und das Landschaftliche Haus mit Deichlamm, kein malaiischer Zimt, kein indisches Kardamom schreckt die Zunge, allenfalls sind es Dijoner Senf und Holländische Sauce, die unsere Gaumen stimulieren. Doch mehr und mehr und je näher der Abend rückt, kehrt sich das Deutsche hervor.

Wir schlendern am Roten Kliff entlang und erreichen die Stelle unterhalb von Wenningstedt, wo im Jahre 1867 der Kreisrichter Löhnefinke aus Groß-Fauhlenberge dem Dichter Raabe vor die Füße fiel. Löhnefinke war vor dem deutschen Mondschein geflüchtet; den Strahl des blauen Gestirns im Nacken, war er die Düne von Wenningstedt heruntergerutscht und flehte den Dichter um Hilfe an. „Hätte ich doch meiner Fantasie die Zügel auf den Hals geworfen und die Gefahr, abgeworfen zu werden und das Genick zu brechen, zur rechten Zeit auf mich genommen!", rief Herr Löhnefinke aus, „unterdrückte Poesie ist es, welche mich verrückt macht – verrückt, weit nach dem vierzigsten Lebensjahre. Der deutsche Mondschein rächt sich an mir, und ich bezweifle, dass mir irgendein Bad, Sauer- oder Bitterwasser helfen würde!"

Glücklicher Kreisrichter Löhnefinke! Heutzutage würde der mondsüchtige Musenfreund die Düne nicht mehr ungestraft herunterrutschen dürfen, um einem Dichter in die Arme zu fallen. „Herunterspringen verboten!" steht auf einem Schild der Naturschutzgemeinschaft Sylt-Nordfriesland e.V. am Weißen Kliff zu lesen. „Das schöne Weiße Kliff ist Jahrtausende alt. Es kann Herunterspringen und Hinaufkrabbeln nicht mehr vertragen!" Wir sind in Deutschland, nirgendwo sonst!

Hinter dem Landhaus Nösse, dort wo die Welt am anderen Ende mit Brettern zugenagelt ist, beginnt die Heide und leuchtet bronzefarben im Abendlicht über dem Morsumer Kliff. „Lieber Wanderer", mahnt ein anderes deutsches Schild, „bitte lassen Sie uns hier ungestört leben. Danke im Namen der Vögel. Ihre Brandgans." Ja, wir sind in Deutschland, wer möchte es bezweifeln!

Eine Stunde später stehen wir am Fenster, der Nebel fällt, die Brandung rauscht, der Mond ist aufgegangen, ein durch und durch deutscher Mond – obwohl er heute Abend eher wie ein schmales chinesisches Boot am Himmel schwebt. „Wenn ich auch ein Mann der Prosa bin", schreibt Wilhelm Raabe, „so kann ich doch einen toten Seehund mit einer gewissen Melancholie vom Rücken auf den Bauch wenden und meine Gedanken dabei haben."

Sibylle Zehle
Des isch Glück

Das Wetter war schlecht an diesem Feiertag, die „Sansibar" zum Platzen voll; und dennoch drängten immer mehr Menschen durch die Tür, quetschten sich an die Tische, Lärm und Lachen, der Boden zitterte von all dem Hin und Her. Und plötzlich kam da wieder dieser Schwindel, ein Drehschwindel war das, erinnert Herbert Seckler: „Das viele Reden. Die Schritte. Die Vibrationen … Da bin ich umgefallen."

Herbert Seckler, Wirt des Sylter Kultlokals „Sansibar" in den Rantumer Dünen, wurde daraufhin in Flensburg in die Röhre geschoben, wie er sagt. Doch die Radiologen fanden nichts bis auf einen erhöhten Druck im Innenohr. „Die haben mir erklärt, dass ich in Zukunft dies und das nicht mehr tun kann. Rasches Bücken … Motorradfahren … Da hab ich denen gesagt: Das konnt ich nie. Mir war mein Leben lang schwindlig."

Ein Ausnahme-Gastronom ist er – und Schwabe. Wenn Schwaben in der Fremde Wurzeln schlagen, reichen die tief. Anfang der Achtziger hat einer dieser neunmalklugen Feenteich-Hamburger gemeint: „Naaa … Seckler, Sie sind ja jetzt wohl in", und prophezeit, das sei eben so schnell wie gekommen wieder vorbei. „Dem hab ich gesagt, so ein Scheiß!", ereifert sich Seckler. „Ich bin überhaupt nicht in. So was muss ich mir jetzt schon über drei Jahrzehnte lang anhören."

Und er hat ja recht. Die „Sansibar" ist heute in Kategorien wie in und out längst nicht mehr einzuteilen. Nahe dem alten Strandräubernest Rantum hat Seckler zwischen den Dünen eine feste Burg des Wohlbehagens geschaffen, irgendetwas zwischen Skihütte und Kaviarstüberl, Bratwurstbude und Hummerbar. Jahrhundertköche, Fernseh-Entertainer oder Promifriseure haben sich in vergleichbarem Zeitraum an der Sonne des Erfolgs ihre Adlerflügel versengt und sind als kleines Geflügel längst wieder auf dem Boden angekommen. Herbert Seckler aber, Zirkusdirektor und Herbergsvater in einem, hält seine Stammgäste über die Jahrzehnte auf wundersame Weise zusammen und gewinnt stetig Freunde dazu. Legendär nennt man inzwischen das Lokal und seinen Wirt respektvoll einen Patron.

Die „Sansibar" ist eine Goldgrube, auf Sand gebaut. Zwei Schichten, jeweils 400 Plätze, an 364 Tagen im Jahr, nur Weihnachten ist Ruhetag (da gibt's Fondue für die „Sansibar"-Großfamilie im Restaurant). In Spitzenzeiten verlassen bis zu 3000 Essen die Küche – pro Tag. Dazu kommen ein Dutzend großer Prominentenpartys, die Weinproben, Geburtstagstische, Hochzeitsfeiern, Weinversand, Bahn- und Airline-Catering. „Sansibar" ist eine Marke geworden. Ein Brand.

Und darüber soll man noch einmal schreiben? Ist nicht alles schon tausendfach gesagt? Sind nicht alle Liebesgeschichten über Onkel Herberts Hütte bereits gedruckt? – Oder weht um diese Bude in den Dünen von Rantum ein Geheimnis? Hat Seckler, der gelernte Koch, ein Erfolgsrezept? Gibt es ein System Sansibar?

Dreitausend Essen pro Tag. Mensch, Herbert, was seid ihr groß geworden, das macht einem ja Angst! Will man denn da noch hin? So einen Massenbetrieb mögen wir eigentlich gar nicht, sagen wir bei der Reservierung am Telefon, nachträglich gesehen, ziemlich leichtfertig. Denn nun steht er da, blass und rund, der ganze Mensch ein einziger Vorwurf. Und dann sagt dieser Seelenräuber, begnadete Genussvermittler und

Menschenfänger vor dem bewölkten Sylthimmel mit seiner rauen Stimme, beleidigt bis ins Herz: „Da kämpft man, rackert, gibt sich Mühe – und dann sagst du so was! – Massenbetrieb! – Großer Schuppen! – Wo du uns doch von früher kennst!" Und vielleicht ist das eine erste Erklärung für die Beliebtheit der „Sansibar". Dass der Erfolgsmensch Seckler nie satt ist und selbstzufrieden, weil er immer noch um Anerkennung ringt und nach Lob giert wie ein Verhungernder.

Es ist ein Vormittag im Frühsommer, auf dem Spielplatz vor der „Sansibar" krabbeln Kinder. Ein leichter Wind kämmt den Strandhafer auf den Dünen, und in der Ferne hört man das sanfte Grollen der Brandung. Die Eltern sitzen an Biertischen, die Füße im Sand, trinken Capuccino oder essen Currywurst. Und auf der Terrasse vor dem Restaurant tänzeln „Sansibar"-Mitarbeiter mit vollen Tabletts um zwei gut gebürstete Golden-Retriever. „Schau doch", sagt Herbert Seckler, „die Kinder spielen und die Eltern gleich neben dran: Des isch Glück." Und nach einer Pause im Brustton der Zufriedenheit: „Gar nix hat sich verändert!"

Und das ist tatsächlich noch immer so: Die eigentliche „Sansibar" ist nicht das mediale, das promigespickte Restaurant am Abend, wenn auch Hochmögende um Tische betteln müssen. Gerüchte wie Gischtflocken durch die Luft fliegen. Edle Rotweine verheißungsvoll in bauchigen Gläsern schimmern. Und zwischen „Rose Dorade" und Crème Brulée Jobs verteilt und Abfindungen ausgehandelt werden.

„Sansibar" findet am Tag statt, es beginnt gegen elf Uhr, wenn die Familien zum Brunch im Anorak kommen und man im Sand noch das Gekrakel von Vogelfüßen sieht. Da haben die „Sansibar"-Mitarbeiter für die Kinder schon die Bobbycars in Reih und Glied gestellt, beide Hundenäpfe mit frischem Wasser gefüllt und die Kerzen im Restaurant entzündet. Angeregtes Schmausen, Geburtstagstische, Freundesrunden schon jetzt. Scharfe Kartoffeln. Leberkäse. Nürnberger Rostbratwürste. Sansibars Currywurst, Matjes und Lachs, Brot und Müsli vom Buffet. Und es wird fotografiert. Mutter mit Meer – Vater mit Dünenhintergrund. Und nun die ganze Familie. „Klar doch!", sagt die Bedienung. „Ich mach das! – Läächeln!"

Gegen zwölf kommt die Sonne durch die Wolken. Und die Terrasse beherrscht eine muntere Champagner-Truppe, Hamburger im Poloshirt und mit dieser gebräunten Selbstgewissheit im Gesicht, denen man sofort ansieht, dass sie Anwälte und/oder Golfer sind: „Herbert", rufen sie über alle Tische hinweg, „hast du für uns was geangelt?"

Seckler lächelt verzeihend. Der Menschenzoo im „Sansibar". Er kennt sie doch alle. Die Medienschnösel und Immobilien-Mogule. Unternehmensberater und Konzertveranstalter. Reeder und Entertainer. Auch die Raubtiere, die mit großem Gebrüll einlaufen und später wie Hauskater am Tisch schnurren und um Streicheleinheiten nachsuchen. In diesem Rantumer Käfig der Narren sind alle gleich. Wo sonst sitzen sie denn Rücken an Rücken? Ein eher leiser Pensionär wie Michael Otto, ein eher lauter Fernsehstar wie Dieter Bohlen, dazwischen Komiker wie Mike Krüger und Sylt-Selbstdarsteller wie Manfred Baumann? – Alle lieben Herbert. Und Herbert liebt sie alle. Aber den Bohlen noch ein bisschen mehr. „Der ist echt und ein Sensibelchen wie ich." Bei Seckler gab's schon immer Zuwendung als Sättigungsbeilage.

Gelassener ist er inzwischen geworden. Hat gelernt, dass das erste Urteil nicht immer das richtige sein muss. („Meine Hamburger lieb' ich. Die sind schwäbischer, als man denkt!"). Und er nimmt auch mal jemanden in den Arm, ohne dass sein Herz ihn dazu zwingt. Was soll's, das Leben hat ihn so reich beschenkt, da kann er schon mal milde sein und ein bisschen mehr geben, als es ihn recht eigentlich drängt. Abneigungen aber pflegt er konsequent. „Wenn ich einen nicht will, dreh' ich mich weg. Das kann ich heute eher als früher."

Er zündet sich eine neue Gauloise an, und wir denken, nun wird er sich an seinen Stammplatz auf der Terrasse setzen, eine Holzbank am linken Eingang, von der er das Kommen und Gehen der Gäste überblickt – aber da hält er es kaum noch aus. Das Getrampel. Das Zittern des Bodens, dieses unmerkliche Rütteln der Planken.

Secklers Angst vor dem Schwindel.

So gehen wir ein paar Schritte auf dem Bohlenweg in Richtung Rantumer Strand. Bis zum Container, über dem die blauschwarze Piratenflagge der „Sansibar" flattert, Strandkörbe vermietet und T-Shirts und Badehosen verkauft werden. Genau dahinter, mit Blick aufs Wasser, steht Secklers Bank. Da sitzt er und guckt zum Horizont, ganz sich selbst ausgesetzt. Und es ist immer noch wie in Thomas Manns Sylter Tagebuchnotizen: Begeisterung durch das Meer. Der große weiche Wind. Das Raubtiermäßige der Wellen. Die herrlichen Schaumteppiche.

Jeder Schwabe, das ist bekannt, braucht jenseits der vierzig eine Bank, auf der er die Dinge des Tages überdenkt, sonst läuft ihm das Leben aus dem Ruder. Auf Secklers Bank sieht sich der Mensch ins richtige Verhältnis zu Himmel und Erde gerückt. Ein Wassertröpfchen, ein Körnlein Sand ist er, was sonst. „Du schaust aufs Meer – und nach einer Stunde wird alles andere unwichtig", sinniert Seckler. Hier verbringt er seine Freizeit. Das ist sein Leben.

„Weißt du, was ein glücklicher Tag ist? Meine Frau ist mit den Kindern, meiner Tochter und meiner Enkelin am Strand, und ich sitz hier schön unterm Sonnenschirm. Hab' alles im Blick. Und irgendwann kommen die Kinder hoch, mir tun was essen, und alles ist in Ordnung."

Auch das steht natürlich hinter dem Erfolg. Secklers Begabung zum Glück. Seine Selbstbescheidung, die Weisheit seines Herzens. Und, auch nicht zu vergessen, sein ausgeprägter Geschäftssinn. Die Mercedesfahne weht gleich neben dem „Sansibar"-Piratenbanner. So was macht Seckler nicht umsonst. Stammgäste kriegen Shuttle-Service, er selbst fährt gerade den CL 63, das Safety-Car von Daimler. „Das Auto ist die Hölle", sagt er, und in seiner Stimme schwingt Stolz. Aber damit herumrasen? – Von Rantum nach Hörnum und zurück, das reicht: „Ich will ja nirgends hin."

Secklers Warenwelt. Es gibt ein „Sansibar"-Geschirr von Villeroy und Boch, „Sansibar"-Salz- und Pfeffertöpfe. Selbst auf dem Klo fehlt nicht der Hinweis auf „Sansibar's" Schatztruhe: „Das perfekte Geschenk" (unter anderem mit „Sansibar"-Plantagen-Schokolade, „Sansibar"-Auto-Aufkleber, „Sansibar"-Mondkalender). Und die Flüssigseife am Waschbecken hat eine Parfümerie aus Kampen spendiert.

„Ich lass mir inzwischen alles sponsern", sagt er.

Wo hat der Seckler das her? Sind es die schwäbischen Gene? Von den Eltern, „ganz liebe Leut'", wie er sagt, kann es nicht kommen. Sylts berühmtester Strandwirt stammt von der Ostalb, aus dem schwäbischen Wasseralfingen. Die Mutter war Hausfrau. „Schupfnudeln, Maultäschle, Linseneintopf, Braten mit Spätzle und Kartoffelsalat, das war ihre Welt." Der Vater Prokurist, ein gebildeter Mann, intelligent, belesen und bis zuletzt überzeugter Kommunist. „Den Schock nach der Wende hätte ich ihm gern erspart. Eigentlich war ich traurig, dass er das erlebt hat."

Wir essen zu Mittag, Seckler wie immer das Tagesgericht, heute „Paprikagulasch vom Hohenloher Landschwein mit Butternudeln", er muss es probieren, Tag für Tag, da ist er Perfektionist, und trotzdem, wie alles in dieser Strandbude, auf schöne Weise entspannt. Auf der Speisekarte zeigt sich ein Rinder-Carpaccio „von der Flamme geküsst". Und da steht ebenfalls gedruckt: „Endlich haben wir es! Das berühmte

‚Bistecca Florentina'! Riesengroß, unnachahmlicher Geschmack, aber Vorsicht: nur für gute Zähne!" – Seckler findet das ganz richtig: „Des isch fescht im Fleisch. Und zäh wie Hund!"

Seine Lehrzeit war hart, da war viel trocken Brot, wenig Crème double. Mit 13 Jahren, als Küchenjunge in einer Waldwirtschaft, gab es Prügel, es folgten bittere Jahre in Grandhotels zwischen England und der Schweiz. Auch seine ersten Sylter Jahre waren eine Überlebens-, keine Liebesgeschichte. Seckler hat sich von ganz unten hochgearbeitet. Da gab es Wunden und Verletzungen. Er versucht das weder zu verbergen noch hat er es vergessen.

1976 lässt er sich die Pacht vom Campingplatz in Tinnum aufschwatzen, nichts als Schnaps, Bier und jede Menge Prügeleien, „was hab ich da Blut gewischt …". Mit der „Sansibar", der ersten, rutscht er ein Jahr später gleich in die nächste Katastrophe. Eine rosafarbene Hütte, Kiosk für Kinderschaufeln und Sonnenöl, dazu Erbseneintopf, Bratwurst, Hähnchen aus der Fritteuse. Er selbst wurde aufgespießt und gegrillt von der Bank. „Wenn die dich morgens anrufen, die Überweisung von 500 Mark können wir leider nicht ausführen, da bist du doch fertig mit der Welt." Aber der Schwabe rudert, schiebt nebenher Dienst auf Butterschiffen. Und, beste aller Investitionen, heiratet Helga, Schauspielschülerin aus Hechingen, bis heute die Frau seines Lebens. Der Gegenpol zu allem Glamour und Klamauk.

Dann brannte die Bude ab, das junge Paar, unterversichert, war wieder pleite, ernährte sich monatelang von Nudeln, kampierte, weil die Mietwohnung zu teuer war, ein Jahr im neuen winterfest aufgebauten Lokal. 1983 war das erste Jahr, in dem sie auch im November noch Geld hatten.

Seckler schiebt die Kerze von sich weg. „Der Ruß macht mich fertig", sagt er, „das ist eine Allergie: mir gehen da die Atemwege zu." Er hat keinen Panzer, bis heute nicht, sieht man mal von dem weichen Schutz-schild, seinem Bauch, ab, den er, mal mehr, mal weni-ger ausladend, vor sich her trägt. Er ist immer noch verletzlich. „Ja", sagt er, „ ich bin es mehr denn je." Ein zartes Riesenbaby. Und ein zäher Kämpfer. „Wenn ich mein Leben betrachte, ein Talent hab' ich: Ich hab' zugehört und ich hab' reagiert."

Er hat ganz einfach rasend schnell gelernt. Als Ger-hard Meir, Friseur, und Reimer Claussen, Designer, damals Sylter Lieblinge, Ende der Achtziger begannen, glamouröse Sommerpartys in der Strandbude zu inszenieren, war das für ihn der Startschuss. Da habe er zum ersten Mal gesehen: „Mensch, im ‚Sansibar' kannst du ja tatsächlich Feste mit guten Leuten machen." Persönlichkeiten wie Friede Springer, Albert Darboven, Moritz Landgraf von Hessen saßen plötz-lich bei ihm auf der Bank, und Prinzessinnen wie Eli-sabeth von Sachsen-Weimar oder Ingeborg zu Schles-wig-Holstein tanzten vor der Hütte im Sand. Lilly, damals noch Alexander Fürst zu Schaumburg-Lippe angetraut, hüpfte mit wippendem Mini, ohne Schuhe, von allen am ausgelassensten. Die barfüßige Gräfin. Das Fest des Friseurs. Ein Fressen war das für die Presse! „Dafür bin ich dem Gerhard dankbar, mein Leben lang."

Bald merkten es alle. Am Saum des Meeres werden Dinge magisch. Abends steht über der „Sansibar" eine rote Sonne. Die Luft prickelt wie Champagner. Und irgendwann verschwimmen die Grenzen zwischen Himmel und Meer, Wein fließt in Strömen, die Hütte fliegt, dreht sich zwischen den Wolken, steigt hoch, immer höher, bis zu den Sternen ... Die Abstürze zwi-schen den Dünen sind fürchterlich.

Glanz in seiner Hütte ist Seckler inzwischen gewohnt; das Fegefeuer der Eitelkeiten. Wenn so unterschiedliche Charaktere wie Karlheinz Kögel und Hellmuth Karasek, die Begum und Otto Waalkes zum Sommerspektakel „MS Europa meets Sansibar" auflaufen. Aller Glamour wird im Büro sortiert, beschriftet und in Kästen abgelegt, Fotos, Menükarten, Dankesschreiben. Cartier in der Hütte. Piratenparty. „Dracula"-Clubfest.

Und immer wieder Herbert. Herbert mit Christl. Herbert mit Heike. Herbert mit Kerner. Herbert mit Gottschalk. Herbert mit Netzer. Herbert mit Jauch. Und was war das tollste Fest? – Claus Jacobis Geburtstag, noch immer. Die Feier war im Winter. Das Dünengras mit Schnee überzuckert. Eisblumen wuchsen am Fenster. Und die „Sansibar" ein Märchenpalast in Weiß und Rot. „Du, des kannscht net toppe," meint Seckler. „Da hat der liebe Gott mit g'schafft."

Plötzlich steht Axel Henkel am Tisch. Der wunderbare Koch aus Hamburg. Er füttert inzwischen in der „Sansibar" die ganz speziellen Gäste. „Den leiste ich mir", sagt Seckler, „der kann ja alles: Königsberger Klopse. Kohlrouladen. Und dazu die ganze Asia-Nummer …!" Und Henkel kann Gedanken lesen: „Ich hab 'nen tollen Yellow Tuna", sagt er. „Den kriegst du roh mit Olivenöl, da schmeiß ich nur paar Kapern drauf. Und dann einen frischen St. Pierre, mariniert auf Spargelsalat." Was könnte man sich Besseres wünschen. – „Der Henkel ist meine Geheimwaffe", grinst Seckler. Und verrät damit doch viel: Da sitzt nämlich ein Chef, der sich für seine Leute begeistert.

Die „Sansibar" ist auch eine Managementleistung. „Das Aufrechterhalten der Qualität bei diesem Riesendruck in der Hochsaison, das muss man erst mal hinkriegen", meint Hermann Schreiber, Autor und Stammgast von Anfang an. Andere Sylter Etablissements retteten sich mit Abschreckungspreisen, bei Seckler stimme nach wie vor das Preis-Leistungs-Verhältnis. Wer das Treiben in der Strandbude beobachtet, merkt schnell: Seckler bewerkstelligt das mit Organisation und Motivation. 130 Mitarbeiter im Service, 35 in der Küche. Das sind die Zahlen in der Hochsaison. „Sansibar's" großes Plus aber sind seine Gute-Laune-Mitarbeiter, Secklers Team.

„Schau dir den Dietmar Priewe an", sagt Seckler über seinen Chefkoch, „sechs Jahre schuftet der hier schon, so einen fleißigen Menschen habe ich noch nie gesehen." Und der Reini, redest du auch mit dem Reini? Der ist ganz wichtig! Und die Töni, also, ohne die geht nichts. Und der Ivo? Und hast du den Michael schon getroffen? – Früher war Seckler ein Einzelkämpfer. Jetzt kämpft er auch für andere. Und die für ihn.

„Sansibar"-Mitarbeiter sind selbstbewusst. Mehr Entertainer als Tellerträger. Jeder von ihnen hat seine Lieblingsgäste, seinen Lieblingstisch. Der Chef erdrückt sie nicht. Darum bleiben sie ihm treu: Siebzehn Jahre dabei: Reini Nürnberg, Service-Chef und Germanist, abgeschlossene Lehrerausbildung. Sechzehn Jahre: Antonia („Töni") Münster, eigentlich Modedesignerin, die Augen hellblau, die langen Beine immer in Jeans. Dreizehn Jahre: Ivo Köster, ein Sylter, der aussieht wie ein Spanier, aber die Ruhe eines Schweizers hat. So viele Jahre. So viele Feste. So viele Menschen. Töni sagt: „Der Job macht einfach Spaß. Man weiß, man ist angekommen."

Secklers glückliche Hand mit Menschen zeigt sich auch in der Zusammenarbeit mit Michael Hamann, seit elf Jahren Partner im Weingeschäft, auch er irgendetwas zwischen Seelentröster und Sommelier. Aus der anfänglichen Gefälligkeit, Gästen ein paar Flaschen mitzugeben, hat sich ein stetig prosperierender Weinhandel entwickelt. 45 000 Flaschen lagern allein in der Schatzkammer im Sylter Sand.

Die Großfamilie liebt den Patron. Und sie lebt vom Patron. Das macht Seckler zunehmend Druck. „Du, die verlassen sich alle auf mich." – Kann man da je verkaufen? Immer wieder wispert es zwischen den Wellen, Geschäftspartner lockten mit Angeboten. Seckler sagt, einen Monat im Jahr denke er darüber nach, elf

Monate nicht. „Mensch, ich hab doch noch so viel Spaß. Hier auf meiner Düne bin ich König. Auf der nächsten bin ich es schon nicht. Warum sollte ich also weggehen? Einmal Lottogewinn reicht."

Spätnachmittag in der „Sansibar". Da gibt es Tee für Strandläufer. Berge von Pommes für Kinder. Eine letzte Flasche für die versackte Champagner-Truppe. Ab 18 Uhr wird es dann sportlich-fein, der Einzug der Blazerträger auf weich genoppten „Tod's"-Sohlen setzt ein. Und am Himmel beginnt das große Aufflammen und Verschwimmen des Lichts in allen Farben und Schattierungen. Es ist ein ganz normaler Wochentag in der Vorsaison. Und trotzdem wogt es an den Tischen wie im Käfer-Zelt auf dem Oktoberfest. Und auch im Weinkeller wabert's: Da feiert Medienunternehmer Thomas Haffa Geburtstag mit vierzig Gästen. Butterzarte Steaks und fette blutrote Weine. „Super", sagt der Aktien-Millionär mit glücklich geröteten Wangen beim Abschied in Herberts Armen, „einfach super …"

Seckler hält sich nicht für einen tollen Koch. Aber er weiß, was die Leute mögen. Er füttert sie mit Spaghetti oder Kaviar, bis sie selig sind. Oder verwöhnt sie mit Sauerbraten und Kartoffelbrei wie früher bei Muttern. „Essen und Trinken ist meine Welt. Ich schlaf ein und denke ans Essen. Ich wach auf und mache meine Mitarbeiter verrückt."

Er ist ein Produktfanatiker. „Ich kann dir zehn Stunden was über Kobefleisch erzählen." Er schmeckt, riecht, fühlt Qualität. Andere gehen ins Theater, er schaut sich Produkte an auf Märkten, in Lagern und Häfen. Auf der „Sansibar"-Speisekarte steht Carpaccio vom Wagyū-Rind aus Australien. Kalb von „Peter's Farm" aus den Niederlanden („wahrscheinlich Europas bestes Kalbfleisch"), Lamm vom Gänsehof Keitum („Lamm, das wirklich von Sylt kommt"). Und wie erkennt er, ob ein Fisch wirklich frisch ist? An den Augen? Am Maul? – Seckler sagt: „Ich streichle einem

Steinbutt einmal über die Haut – und in der Sekunde weiß ich alles."

Der fliegende Wechsel zwischen erster und zweiter Schicht um 20 Uhr klappt reibungslos. Der Laden summt und brummt ohne Unterbrechung. Und Herbert geht glücklich von Tisch zu Tisch. „Was ich für Geschichten mitkriege! Du glaubst es nicht! Affären. Heiratsanträge. Pleiten." Er erfährt die Welt in den Dünen. Der Gottschalk erzählt von seiner letzten Kur, der Michael von der letzten Scheidung, der Hunold vom letzten Geschäft. „Ich saug die Leute ja auch aus." Und diese Medienprofis, geölt und gefedert, klein oder groß, die Diekmanns, Austs oder Fritzenkötters, die wissen ja auch immer was zu erzählen. Seckler kennt die Immobilienpreise auf Mallorca. Weiß, welcher Werbeetat gekündigt wird und wo ein Managerstuhl wackelt. „Das ist mein Kino", sagt er. Und setzt sich zu Ann Kathrin Linsenhoff auf die Bank. „Die ist mein ganzer Schatz! Tierärztin, tolle Reiterin. Und was die für Unicef, für Afrika tut! – Guck, solche Leute hier in meiner Hütte. Das ist das, was ich so liebe: Dass ich hier an die Menschen ran komme."

Er selbst schottet sich ab. Hinter der wärmenden Gastfreundschaft ist viel Distanz. Er trinkt nicht mit den Gästen. Macht sich mit ihnen nicht gemein. Er dient ihnen, aber er definiert sich nicht über sie. Und er ist diskret. „Wir schreiben Kolumnen übers Produkt, über Wein. Nie über Gäste. Und nie über mich", sagt Seckler, das Kommunikationsgenie. „Ich gehe zu keiner Talkshow. Ich lass mich nie feiern."

Nur die „Goldene Feder", die hat der Wirt des heimlichen Medientreffs „Sansibar" einmal von Freund „Fritzi" angenommen und ist sich auf der Bühne prompt wie ein Hochstapler vorgekommen: „Des war a bissle viel." Gute Presse mache ihm eher Angst. „Dann kommen Leute", sagt er in seinem punktgenauen Schwäbisch, „und erwarten Dinge, wo i net bin."

Er tritt, wiewohl geladen, weder bei Günther Jauchs Hochzeit in Potsdam noch bei Arthur Cohns „Oscar"-Dinner in Los Angeles auf, ja, er feiert nicht mal die runden Geburtstage all der wichtigen Leute in Kampen mit. Auch das ist Schutz. – Zum Jauch geht er? Aber zu uns nicht? – Auf solche Diskussionen will er sich gar nicht erst einlassen. Die Gäste sollen ihn in der „Sansibar", nicht in den Klatschspalten sehen. „Und gute Gespräche, weißt du, das hab ich hier jeden Abend hundert Mal."

Neulich war Charles Schumann da, der kosmopolitische Barchef aus München. – „Brauchst du denn keine Inspirationen?", habe der gefragt. „Ja, scheiß auf Inspirationen", hat der Herbert da geantwortet. Da kommt der Sylter Schwabe in Fahrt: „Wenn du mir sagst, Herbert, der Kaffee ist zu dünn, dann ist das für mich Inspiration genug. Muss ich dafür in Milano auf der Piazza sitzen? Um zu merken, wie ein Kaffee schmecken muss?"

Draußen ist der Mond aufgegangen. Wir stehen auf der Terrasse, tanken frische Luft. Und wie so oft ist der Himmel über der Hütte voller Sturmwolken und Luftgeister. Die Dünen liegen mondweiß wie ein Schneegebirge da. Seckler zündet sich die zigste Gauloise des Tages an. „Lieber auf Sylt rauchen als im Ruhrpott nicht rauchen", versucht er zu spotten. Und nach einer Pause: „Man bescheißt sich ja selber: Ich sag mir, solange ich glücklich bin, bin ich auch gesund."

Am Nachmittag hat er uns sein Haus gezeigt. Nein, nicht mehr den alten Rantumer Bahnhof, das Knusperhäuschen im knallbunten Santa-Fe-Stil, eingewachsen bis zum Dach. Eine Höhle zum Verkriechen braucht er nicht mehr. Jetzt wohnt er freier, heller, großzügiger. Und, wegen seiner Allergien, ganz ohne Gardinen und Deko-Kram. – „Hab ich mich verändert?", fragt er immer wieder. Nein, es ist immer noch ein echtes Seckler-Haus, bequem und unprätentiös. Das Wohnzimmer ein Spielplatz für Nachkömmling

Anna, gerade sechs, ein großes Badehaus als Familientreff, dazu vielen gemütliche Sitzecken im mediterranen Garten.

Und im Zentrum: Helga. Sie hält im Hintergrund die Hand über Herbert, sie stabilisiert ihn und lebt doch in ihrer ganz eigenen Welt. Von der Bühne in den Dünen hat sie sich verabschiedet. Sie habe in den Anfängen zu viel Gegröle gehört, meint Seckler, könne die hässlichen Zeiten nicht vergessen.

Er selbst spürt heute Akzeptanz. Die Menschen seien höflicher geworden – „durch des, dass es jetzt so gut läuft". Unlängst, nach einem gemeinsamen Wochenende voller Anerkennung und guter Geschäftsabschlüsse, seien sie sich, wieder daheim, voller Dankbarkeit in den Armen gelegen. Und er hat gesagt: „Helga, des isch doch alles wie im Film." Und die Angst vor dem Schwindel, die war in diesem Glücksmoment weit weg.

Die Nacht wird kalt. Hinter den Fenstern schimmert goldenes Licht, es flackern ungezählte Kerzen. Jetzt rein in die gute Stube. Eine Zuflucht wie zu uralter Zeit. Manchmal ist die „Sansibar" die schönste Hütte der Welt.

Und ihr Geheimnis? – Natürlich ist es Liebe! Herbert Secklers riesengroße Liebe. Zur Natur. Zu den Menschen in seiner Nähe. Und zu der Arbeit, die er tut.

Kopieren kann man das nicht.

(2007)

Ernst Penzoldt
Masse Meer

Gestern habe ich in Gold gebadet, in flüssigem Gold! Man muss, um dieses Wunder zu erleben, unterhalb des sogenannten „Roten Kliffs", das übrigens keineswegs rot ist, sondern allenfalls ockergelb, ins Meer gehen, am späten Nachmittag, wenn das Kliff, die Steilküste der Insel, von der Sonne beschienen ist und bei mäßigem Wellengang, kurz, es müssen einige glückliche Umstände zusammentreffen, wenn man das herrliche Empfinden, in lauterem Gold zu baden, voll genießen will. Es ist ferner nötig, eine kleine Strecke hinauszuschwimmen und dann landwärts zurückzuschauen. Denn es macht das sonnenbeschienene Kliff, das sich im unruhigen Meer spiegelt, dass das Wasser zu Metall wird. Unkundige wissen es nicht, was sie, vom Meer aus gesehen, für ein lustiges Schauspiel bieten, wenn sie ins goldene Wasser plätschern, umsprüht von goldenen Tropfen.

Man kommt sich ordentlich reich dabei vor, ein Hochgefühl ergreift einen, und die goldene Heiterkeit hält noch lange an.

So harmlos kann zuweilen das Meer sich darbieten. Aber es täuscht. Da ist der Strand mit den komischen Strandkörben und den spielenden Kindern, die mich immer an eine Predella von Botticelli erinnern. Ein Kind ist darauf abgebildet, das es unternimmt, das große Weltmeer in eine kleine Sandkuhle zu schöpfen. Da sind in ihren sportlich-extravaganten Strandkleidern die Badegäste, die sich angestrengt erholen. Da ist

das übliche munter-infantile Badeleben mit Sandburgen, bunt lackierten Blecheimerchen und aufgeblase-
nen Gummitieren: ein Bild der Sorglosigkeit. Und da
ist das Meer, bei dessen Anblick man sich wundert,
dass es sich das alles so gutmütig gefallen lässt. Allein
es ist nicht mit ihm zu spaßen.

Das Meer ist oft gemalt worden. Bekannt ist die
Woge von Courbet. Mehr sagt das Seestück von
Breughel darüber aus. Aber das sind alles nur winzige
Ausschnitte.

Man braucht nicht einen Taifun im großen Ozean
mitgemacht zu haben, um etwas von der Furchtbar-
keit des Meeres zu ahnen, um zu spüren, dass da etwas
ist, was sich nicht mehr in der Gewalt hat, etwas Unbe-
rechenbares, Tobsüchtiges, völlig außer Rand und
Band Geratenes, wild Umsichschlagendes, Blindwüti-
ges: die zornige Auflehnung der Natur gegen den ewigen Zwang, Natur zu sein.

Es genügt, bei einem mittleren Wellengang ein paar
Schritte vom Strand entfernt eine sich überschlagende
Woge auf die Schultern zu nehmen, was freilich ganz
herrlich ist, dieses Überströmtsein von Kraft, um zu
spüren, welche unwiderstehliche Gewalt mit dir spielt,
während du meinst, mit ihr dein Spiel zu treiben. Won-
ne und Schauder ergreift dich zugleich, und die Verlockung, die Überredung der Tiefe ist groß. Sie ist eine
Urerinnerung daran, dass wir aus dem Meere kommen
und nicht viel mehr als Gestalt gewordenes Wasser
sind. „Unsere Tränen", schrieb ich einmal, „sind eine
Erinnerung an das Meer, aus dem wir stammen."

Der ungelehrte Badegast beachtet die Gezeiten
und richtet sich nach dem Flutkalender. Denn wenn
es auch bei Ebbe so aussieht, als habe sich nichts in
dem unermüdlichen Bestreben, dem „rollenden
Angriff" des vielen Wassers geändert, aufs Land zu
wollen, so als müssten die Wellen den Schwimmer,
ob er will oder nicht, schließlich an den rettenden
Strand werfen, wirkt doch der unheimliche Sog der

Ebbe und zieht den Ermattenden unwiderstehlich hinaus.

Ohnmächtig erscheint manchmal das Meer in der starrköpfigen Beharrlichkeit seines Ansturms. Aber es gewinnt dennoch an Land. Die unaufhörliche Schlacht geht um jeden Fußbreit Bodens. Längst ist die Insel in die Defensive gedrängt. Den Strand zu halten, wurden daher jene palisadenartigen Buhnen gebaut, mächtige Pfähle in den Sand gerammt, ein gutes Stück ins Meer hinaus. Auch mit Eisenträgern hat man es versucht. Aber man muss es sich nur einmal ansehen, wie das Meer auch mit ihnen fertig wird, sie verbiegt und zerbeult.

Schmackhafte Miesmuscheln haben sich an den Buhnen angesiedelt und umgeben sie mit einem seltsamen blauschwarzen Panzer. Wehe dem Badenden, den die Wellen gegen den Muschel-Panzer werfen! Aus vielen kleinen Wunden wird der Leichtsinnige dafür bluten müssen.

Manchmal muss sich auch das Meer ausruhen. Es liegt dann da wie ein nasser Putzlumpen, und wer es zum ersten Mal in solcher Faulheit sieht, wird enttäuscht sein. Aber am anderen Tag kann es sich schon völlig verwandelt haben. Es hat viele Gesichter und Gewänder, kann blau sein wie die Adria und unheimlich schwarz wie die Nacht, ganz sanft und ebenso wild, heute ein Spiegel der Wolken und der Sterne, morgen wie eine tobende Menschenmenge: Masse Meer, launisch, bösartig und tief traurig.

Man wird nicht müde es anzuschauen und fühlt sich wieder angesehen von ihm. Allmählich bringt man eine gewisse Ordnung in die fließenden Ornamente des Gischts, in das Spiel der Wogen, auf denen zart gekräuselte Wellen zurücklaufen, und in die Farben und in die Bewegung. Man lernt es sozusagen mit Zeitlupe zu sehen.

Das große Meer! Es reicht um die ganze Erde und ist ein unaufhörliches Hervorbringen und Vernichten.

Es ist ein Meer von Leben und Leiden. Aber es reinigt sich immer wieder von der Verwesung.

Jedes Mal, wenn ich es wiedersehe, tauche ich einen Finger ins Wasser und koste davon. Ungeachtet all' dessen, was darin lebt und stirbt, all' der Fische, Haie, Krebse, Seepferdchen, Muscheln, Algen, Quallen, all' der lebendigen und toten Kreatur, liebender, raubender, fressender und gefressen werdender Lebewesen, dieser klare, kleine Tropfen Meer an meinem Finger schmeckt säuberlich nach Salz.

Manfred Degen
Abreisetagtrauma

Ich habe das unendliche Glück, an genau jener Straße der Insel Sylt zu leben, auf der sich die Autos vor der Verladung nach Niebüll kilometerweit zurückstauen. Das passiert pro Jahr circa zwei Dutzend Male. Rekordverdächtig ist erfahrungsgemäß der Sonnabend nach Neujahr. Oft reicht die Autoschlange so weit in den Süden, dass an ihrem Ende schon mediterranes Klima herrscht!

Bewundernswert finde ich die Sittsamkeit und die Gelassenheit der Auto- nebst ihrer Beifahrer. Sie stellen sich ohne zu murren hinten an, schalten die Motoren ihrer Limousinen aus und warten, warten, warten. Ständig kreisen Thermoskanne und Colabuddel. Die Väter studieren BILD, die Mütter qualmen Kette, und die Gören juckeln auf der Rückbank herum, bis sie vom Alten von vorne eine geschmiert bekommen.

Irgendwann macht sich unbändiger Harndrang bemerkbar, und das Verlangen, eine Toilette aufzusuchen, wird übermächtig. Dann schleichen sie, verlegen um sich schauend, in die Vorgärten und stellen dir mit einem stöhnenden „Aahh, tut das gut!" ihren Champagnerstrahl in die Bauernrosen. Oder sie klingeln Sturm an deiner Haustür und fordern unverblümt, deine Nasszelle nutzen zu dürfen. Doch das ist längst nicht alles. Anlieger der Zubringerstraße sind für Abreisewillige offenbar Dienstleister. Deshalb fragen sie mal nach einem Napf Wasser für den Hund, mal wollen sie ihren Handy-Akku aufladen. Oder sie möchten ihre frierende Oma kurz parken, auf dass sie sich ein wenig aufwärme: „Hier sind ihre Tabletten. Von den Grünen soll sie jede halbe Stunde zwei Stück nehmen." Und schon sitzt man in der Falle. Wenn ich jetzt entrüstet die Tür zuschlage, zerren die mich demnächst wegen unterlassener Hilfeleistung vor den Kadi.

Einmal stand ein Wohnmobilist vor meiner Tür, in der Hand das Ende eines langen Kabels mit Stecker. Er bat, kurz ans Stromnetz zu dürfen, da seine Familie beabsichtige, sich in der Mikrowelle eine leckere Lasagne mit Schafskäse zu schmurgeln. Ach ja, und ob wir für die Vinaigrette eventuell etwas Balsamico-Essig vorrätig hätten. Ein Tässchen würde wohl genügen. Anschließend drückte er mir eine Plastiktüte mit den gebrauchten Windeln der frisch geschlüpften Zwillinge in die Hand. Ob wir die bitte entsorgen könnten, weil sie im Camper so streng riechen würden.

Zuweilen geht es gar nicht mehr voran Richtung Verladerampe. Dann holen Jugendliche Bälle hervor und kicken zwischen Heckklappen und Stoßdämpfern. Frauen nehmen durch runtergekurbelte Scheiben Kontakt auf und beschnattern, wen sie alles in der Sansibar gesehen hätten. Die Männer öffnen fachmännisch die Motorhauben ihrer Autos, fummeln ein bisschen herum und wischen sich hernach die öligen Finger in einem Papiertaschentuch ab, ganz so, als hätten sie gerade den Vergaser neu justiert.

Irgendwann, die Hoffnung auf eine zeitnahe Verladung ist längst zerbröselt, schiebt sich das Rote Kreuz mit einem Bollerwagen an der Autoschlange vorbei und verteilt dampfenden friesischen Tee mit liegen gebliebenen Weihnachtskeksen. Inzwischen ist der Autozugpfarrer eingetroffen. Er schreitet die immobile Automobil-Prozession ab, wirft Segen auf die Gemeinde der Wartenden und nimmt bei Bedarf Beichten ab. Sogar Nottrauungen unter freiem Himmel durfte ich von meinem Heim aus schon beobachten.

Auch die Sylter Aidshilfe schläft nicht, sondern macht sich die Situation zunutze. Helfer schlendern von Auto zu Auto, verteilen rissfeste Kondome und demonstrieren den vorschriftsmäßigen Gebrauch an realitätsgetreuen Holzmodellen.

Die Szenerie entwickelt ein immer stärkeres Eigenleben. Beziehungen gehen zu Bruch: Sie verlässt den gemeinsamen Maserati und zieht drei Autos weiter zu einem smarten Galeristen, der lässig in einem geräumigen Audi Q7 thront. Ein in der Warteschlange wohnender Makler hat flugs einige Immobilien am Straßenrand aufgekauft und vermittelt sie mit einem Aufpreis von fünfzig Prozent an Interessenten in den Autos. Die Kaufverträge werden von einem Sylter Notar beglaubigt, der mit einem eigens konstruierten „Drive-in-Rollpult" direkt an stehende Pkw andocken kann.

Die neuen Grundeigentümer manövrieren dann rückwärts in die Auffahrt ihrer frisch erworbenen Liegenschaft, besichtigen die Räumlichkeiten, schleppen ihre Utensilien hinein und wollen es sich gerade gemütlich machen. Da klingelt es schrill an der Tür, und jemand fragt, ob er mal rasch das Klo benutzen dürfe …

Fritz J. Raddatz
Wo ich einmal liegen werde

Ein Versprechen habe ich noch nicht eingelöst: zu beschreiben, was es denn nun für mich auf sich hat mit dem Keitumer Friedhof. Das ist eine Erzählung, bei der mir der Name „Bitter-sweet" einfällt, den Bertolt Brecht einer frühen Geliebten gab; auch mein Bericht beginnt mit einem „Es war einmal …" – und eines Tages wird alles damit enden.

Vor dreißig Jahren beschloss ich, „mein Haus zu bestellen" – so hatte ich es von der gestrengen Freundin Mary Tucholsky gelernt: Archiv, Testament, Dotationen. Und ein Grab. Ich wollte, wenn es soweit ist, in der geliebten zweiten Heimat, auf Sylt, beerdigt werden. Die Friedhofsverwaltung wehrte mit friesisch-einsilbiger Entschiedenheit mein Begehr ab: Der alte Friedhof sei – zumal für Ortsfremde – „geschlossen", da könne man kein Grab mehr erwerben. Das weckte den Raddatz-Trotz. „Ich bin in meinem Leben noch überall, wo ich hineinwollte, hineingekommen – da werde ich es wohl mit der letzten Grube auch noch schaffen", dachte ich so vor mich hin. Rief den zuständigen, mir völlig unbekannten Pastor an – der Mann hieß auch noch Traugott mit Vornamen. Zu meiner mir schmeichelnden Überraschung fragte er als erstes „Sind Sie *der* Raddatz?" und sagte auf meine etwas preziöse Antwort „Der Schauspieler bin ich nicht" wie selbstverständlich „Aber nein, ich meine den, den ich seit Jahren mit dem größten Vergnügen lese". Die erste Hürde schien genommen, so war die ganze Schreiberei wenigstens zu etwas gut gewesen; die zweite Hürde ließ sich noch leichter nehmen, als ich Traugott Giesen am Pröstwai 20 in Keitum besuchte. Wir verstanden uns auf Anhieb. Er gab mir einen Termin beim Friedhofswärter, und wenige Tage später stand ich vor einem wortkargen Hühnen, der mich stracks zu einer frei gewordenen Grabstelle führte. Sie lag zwar innerhalb der Umfriedung, aber doch an der Seite zur viel befahrenen Keitumer Chaussee. „Die will ich nicht, das ist mir zu laut hier" – dieser Einwand entlockte dem Schweigsamen immerhin den so lakonischen wie logischen Satz „Aber Männeken, das hören Sie dann doch nicht mehr". Er führte mich aber zu einer kleinen, mittelfelds gelegenen Rasenfläche. „Das ist mir zu klein", murrte ich, sein mir unhöflich erscheinendes „Det send Sei dann och" geflissentlich überhörend. Doch störrisch blieb auch der Beerdigungsriese. Auf mein „Ich will etwas mit Wattblick" raunzte er: „Und das Watt sehn Se dann auch nich mehr." Ich wusste wohl, der Mann hatte recht, wollte mich aber des Makabren nicht belehren lassen und tat leger, sah offenbar die Hunderte von Künstlern durch meine Fantasie schaukeln, die ich in meinem Leben bewirtet hatte, lauter schluchzende Günter Grass und Susan Sontag, Paul Wunderlich und Alberto Moravia, Hubert Fichte, Henry Miller, Jean-Paul Sartre oder Margaret Atwood neben Stefan Heym und Stephan Hermlin: „Ich nicht, aber meine Gäste schon", rügte ich mit der Überzeugungskraft des Unlogischen. Und bekam mein Grab mit Blick aufs Watt, bepflanzte es und schenkte mir selber zu meinem 70. Geburtstag einen Grabstein aus rosa Granit – einmal im Jahr kommt nun schon seit Jahrzehnten die Rechnung „Grabpflege Raddatz" von der Friedhofsgärtnerei.

Es wachsen dort aber nicht nur Rosen. Aus dieser Begebenheit ist eine wunderbare Freundschaft erwachsen – mit dem unfrömmelnd in seinem Glauben verankerten Pastor Traugott Giesen. Dieser bemerkenswerte Mann, ganz irdisch-erdverbunden, ohne den schiefen Hals und dem hingebungsvollen Schielblick so mancher Betschwester, war damals noch nicht das Wahrzeichen von Sylt, zu dem er erwuchs – vielleicht nicht Leuchtturm, aber Quermarkenfeuer ohne Wenn und Aber. Mit ihm habe ich unvergess-liche Abende – mit und ohne Bordeaux – verbracht, mal über Peter Handke oder Arno Schmidt streitend, öfter aber doch über das, was man wohl die „Letzten Dinge" nennt. Nie hat er mich bepredigt, wenn ich nicht lockerlassend bohrte „Und wo war Ihr lieber Gott in Auschwitz oder My Lai oder im Gulag?" – immer hat er den auch bösen Gott eingestanden, den großen Uhrmacher, dessen Uhr hienieden so oft falsch läuft. Wie er Zeugnis ablegte von eigenem Gram und schwarzen Zweifeln, hat er mich überzeugt. Eifer, aber nicht eifernd. Jeder alternde Mensch – so auch ich im Ablauf der Jahre – fragt ja doch mit Ernst Bloch „Da fehlt doch was?", fragt, ob das alles war: die Liebe, die Arbeit, das Dach überm Kopf und das Huhn im Topf. Gerade bei uns Schriftstellern liegt die Doppelbedeutung des Wortes „eitel" so nahe, das ja auch „vergebens" heißt. Man kann es auch „zum Ende hin denken" nennen, gerade und nachdrücklich am nie endenden Meer, seinem unablässigen Nehmen und Geben. Kein Zufall, dass so viele unserer Kollegen am Ende ihres Lebens nach Antwort auf die Bloch-Frage suchten, von Voltaire bis Heine. Ersterer, der Körper siech, der Geist wach, den Klerus verabscheuend und bekämpfend sein Leben lang, antwortete auf die Frage des Priesters, ob er nicht doch die Letzte Ölung empfangen, seinen Frieden mit Gott machen wolle: „Ich habe mir mein ganzes Leben nur Feinde gemacht – warum in der letzten Stunde auch noch diesen?" Und nahm das Sakrament. Heinrich Heine, seine Sünden und Frivolitäten bedenkend, schloss mit den Worten: „Dieu me pardonnera – c'est son metier." Traugott Giesen weiß dem, der es hören mag, viel von diesem Metier zu erzählen, mal ist es

Legende und Mär, mal ist es der handfeste Bericht von der Beerdigung eines Kindes.

Als er im Juni 2005 aus dem Amt schied – die Keitumer Kirche überfüllt, das Abschiedsfest eine nicht enden wollende Dorfkirmes –, hatte das ihm nahestehende Arztehepaar Bechthold ein paar Freunde zu einer kleinen privaten Festschrift eingeladen, ihn zu ehren; jedem Beiträger war ein Bibelwort als Motto anheimgestellt. Ich wählte – und dieser Dank gilt übertragen der ganzen Insel Sylt – Kap. 5, Vers 18a aus dem ersten Brief des Paulus an die Thessaloniker: „Seid dankbar in allen Dingen." Damit möge dieses kleine Buch enden:

„Es war – und ist – Traugott Giesen, der in dieser und vielen ähnlichen Formulierungen das für Nörgeln, Selbstmitleid und Klagen anfällige Herz des Schriftstellers beschwichtigt hat.

Es ist ein eigen Ding mit diesem Pastor: Gerade weil er so ‚unpastörlich' ist, ganz irdisch und handfest, kann man sich an ihn und sein Wort halten. Salbungsvollen Reden hätte sich mein Ohr verschlossen – aber seiner tröstenden Energie, in früheren Tagen angefeuert von einem guten Rotwein, konnte man sich öffnen, konnte annehmen. Menschen der Feder sind ja allemal selber ein gut Stück Prediger, sie sehen die Welt im Argen und bitten – ob in Gedichten, in Prosa, in Dramen –, sie möge so nicht sein; dieses Bitten, gelehrige Schüler des Sisyphos, geben sie nicht auf, trotz des großen Vergebens, das sie eines Schlimmbesseren fast täglich belehrt: Unglück, Krieg, Naturkatastrophen, Not, Krankheit oder der Verlust eines nahen Menschen.

‚Wo war Gott', fragen selbst Boulevardzeitungen dann. Traugott Giesen hat nie so ge-tan, als habe er die perfekte Antwort, mit der er gleichsam jegliches Hadern wegbeten könnte. Gerade weil er eigene Ratlosigkeit, Trauer, die Schwärze des Hilflosen nicht verbirgt, konnte er immer – so leise wie beharrlich –

gemahnen: ‚Du hast viel Ursache zu Dankbarkeit.'
Nicht selten habe ich dabei an Einsteins berühmt
gewordenen Satz gedacht ‚Auch wenn es Gott nicht
gibt, muss man ihm dankbar sein'.

Jedenfalls habe ich, der kaum eines unserer langen
Gespräche vergessen hat, diesem Keitumer Pastor
meinerseits viel Dankbarkeit entgegenzubringen.
Möge ein wenig davon in sein Herz strömen, wenn
er seine Gemeinde verlässt."

Ror Wolf
Spaziergänge am Rande des Meeres

Es schneit auf mich, es schneit auf meinen Hut,
und auf den Mantel schneit es, kurz und gut:
Das Meer beißt große Stücke ab vom Strand,
es frisst und frisst von meiner Hand,
es schlingt und schlingt in diesen kalten Tagen,
die Schiffe sinken rasch in seinen Magen,
das Meer, es frisst am Ende das Hotel
in dem ich wohne, insgesamt und schnell.
Die Wälder knicken um und es verschwand
Der runde Mond, der Mond, das ganze Land.
Hier sitze ich beim vierten Bier und halte
mir alle Ohren zu, und als es knallte,
da stand ich auf und ging und sagte: Leider:
Wenn es so weitergeht, geht es nicht weiter.

(2013)

Freddy Langer
Meine Nacht beim Biike-Brennen

Den Weg wies uns das Licht. Ein orangefarbener Schein am Himmel, wie ein leuchtender Fetzen, der vom Sonnenuntergang zurückgeblieben war. Herausgerissen und irgendwie hängen geblieben im Schwarz der Nacht, wo er nun flatterte und flackerte. Es war der Widerschein eines Feuers, größer als ein Mehrfamilienhaus, aufgeschichtet aus Treibholz, Stroh und Pappkartons und einem Wald von vertrockneten Weihnachtsbäumen, die wie Zunder brannten und jetzt prasselten und knackten wie das Feuer in einem Kamin. Biike heißt auf Hochdeutsch Bake und bedeutet Feuerzeichen.

Seit tausend Jahren gibt es diese Feuer auf Sylt. Um Geister zu vertreiben vielleicht. Um den Winter zu vertreiben vermutlich. Um die Götter gnädig zu stimmen für das Gedeihen der Saat, so darf man annehmen. Keiner weiß es ganz genau, auch wenn der Sylter Volkskundler Christian Peter Hansen Mitte des neunzehnten Jahrhunderts herausgefunden haben wollte, dass die Menschen in vorchristlicher Zeit „Weedke tiare" in die Flammen gerufen hätten, gerichtet an den höchsten aller Germanengötter: „Wodan zehre". Ethnologen widersprechen dem heute. Unbestritten hingegen ist Hansens Verdienst, die im Verglimmen begriffene Tradition neu angefacht zu haben.

Wir kamen zu spät. Weit voraus brannte das Feuer längst lichterloh, und der Wind trug über das platte Land nur noch das Ende einer Rede zu uns, allerhand friesische Vokabeln, deren Sinn wir allerdings auch direkt unter den scheppernden Lautsprechern nicht verstanden hätten, so fremd ist diese Sprache. Nur ein Wort fiel heraus, wie ein Geschoss, Zündstoff buchstäblich: Luxuswohnungen.

Dem Zauber solch eines großen Feuers kann sich niemand entziehen. Kein Wunder, dass sich der Brauch erhalten hat, auch wenn die Anlässe wechselten. Jede Epoche, so scheint es, hatte ihren eigenen Grund für die Flammen. Mal waren sie als Abschiedsfeuer gedacht für die Seeleute, die am Ende des Winters, als das Eis aufbrach, zur Waljagd Richtung Grönland segelten. Mal als Freudenfeuer während der Jul- und Fastnachtsspiele, um das herum man ausgelassen tanzte. Das war nicht immer zum Wohlgefallen der Kirche, vor allem nicht, wenn das Feuerfest mitten in die Fastenzeit fiel – was spätestens dann immer wieder passierte, nachdem sich die Sylter ein für alle Mal auf den 21. Februar als festen Termin geeinigt hatten, den Tag vor dem „Piddersdai", dem Petritag also, an dem von alters her beim Thing Gesetze gesprochen und Entscheidungen gefällt wurden. Bisweilen wird nicht zuletzt deshalb behauptet, die Biike sei auch eine Art „nationales" Feuer gewesen, Zeichen einer Sammlungsbewegung gegen das Eindringen einer neuen Zeit.

Das ist nicht allzu fern von dem Eindruck, den auch diese Veranstaltung rund um den Feuerhaufen machte. Bei Glühwein und Teepunsch zu je einem Euro hatten sich schnell ein paar Friesen am Stand der freiwilligen Feuerwehr gefunden, die für mich zusammenfassten, was der Bürgervorsteher in harschem Ton auf Friesisch vorgetragen hatte: einen Aufruf, Verantwortung für die Heimat zu übernehmen, selbst über Sylt zu bestimmen, statt die Entscheidungen, wie er es formuliert hatte, dem „Spekulationskapital" zu überlassen. Leicht gesagt, unterbrach sich die Gruppe selbst inmitten ihrer Übersetzung der kurzen politischen Ansprache. Was, bitte, fragten sie, soll man denn tun, wenn man ein Haus erbt, ein kleines Haus nur, das aber drei Millionen Euro wert ist, weil es in Deutschland genügend Menschen gibt, die meinen, um jeden Preis ein Feriendomizil auf Sylt zu brauchen. Dann zeigen Sie mir mal den, sagten sie, der seinen beiden Geschwistern je eine Million rüberschiebt, um in sein Elternhaus ziehen zu können. Und wenn es keine Geschwister gibt, fügten sie an, dann hätte trotzdem keiner das Geld, die Erbschaftssteuer zu bezahlen. „Heimatlose Millionäre" nennt man auf der Insel jene Sylter, die mit sehr viel Geld aufs Festland gezogen sind.

Insgesamt elf große Feuer brannten an diesem Abend, und auch überall sonst zwischen Hörnum und List ging es um die „ungesunde Immobilienentwicklung" und den Ausverkauf der Insel. „Das schlimmste Szenario wäre, wenn kein Mensch mehr auf Sylt dauerhaft wohnt", zitierte die Lokalzeitung am nächsten Tag aus der Brandrede bei Westerland. „Dann kann es sein, dass Sylt nur noch eine leere Hülle ist, die man mit jedem Ort austauschen könnte, ohne Leben im Ort, ohne Gemeinschaft, aber sehr profitabel."

Sylt leidet unter der Immobilienentwicklung. Immer mehr Häuser werden zu Zweitwohnsitzen, nur drei, vier Wochen im Jahr bewohnt. Und der Feriengäste wegen sind auch die Mietpreise für Wohnungen ins Unermessliche gestiegen, zumindest für Familien. Drei Grundschulen wurden auf der Insel schon geschlossen, weil es in den Gemeinden keine Kinder mehr gibt. Und weil keine Dorfgaststätten mehr existieren, wohl aber ein halbes Dutzend Sternerestaurants, treffen sich die Bauern abends in Scheunen, mit Dart-Scheibe an der Wand und Stapeln von Bierkästen. Bis zu fünftausend Menschen kommen morgens mit der Bahn über den Damm nach Sylt, wo sie als Arbeiter, Handwerker, Angestellte, selbst als Ärzte und Lehrer beschäftigt sind, sich aber das Leben nicht leisten können. Einmal war der Frühmorgenzug so voll, dass sich die Bahn geweigert hat loszufahren.

All das wurde am Rande des Feuers mit erstaunlicher Gelassenheit erzählt. Keine Spur von Wut – und niemand fand die ganzseitige Anzeige eines Maklers gewagt, der mit den lodernden Flammen der Biike für „exklusive Immobilien unter Reet in & um Keitum" wirbt.

Noch ehe das Feuer verglimmt war, machten sich die Besucher der Biike auf in die Lokale der Umgebung. Dort gab es an diesem Abend Grünkohl mit Kochwurst, Kasseler und Schweinebacke. Auch das ist Tradition; seit 1906. Wie es dazu kam, ist eine andere Geschichte.

Quellennachweis

Freddy Langer
Singsang des Meeres. An der
Insel vorbeilaufen
Originalbeitrag

Theodor Mügge
Legt Seebäder an
aus: „Sylt. Literarische
Reisewege", 1999, Insel Verlag,
Frankfurt/Main

Gondel Wielandt
Am Badestrand von Westerland
aus: „Sylt. Literarische
Reisewege", 1999, Insel Verlag,
Frankfurt/Main

A.L. Kennedy
Nackt auf der Insel
© Frankfurter Allgemeine
Zeitung GmbH vom 10.9.2004

Gustav Stresemann
Haus Miramar
aus: „Sylt. Abenteuer einer
Insel", 1980, Hoffmann und
Campe Verlag, Hamburg

Ernst Penzoldt
Sand
aus: Ernst Penzoldt „Sommer
auf Sylt", 1992, Insel Verlag,
Frankfurt/Main

Theodor Storm
Sylter Novelle
aus: „Sylt. Abenteuer einer
Insel", 1980, Hoffmann und
Campe Verlag, Hamburg

Benjamin von Stuckrad-Barre
Ganz unten im Norden
© DIE WELT vom 5.8.2001

Andreas Odenwald
Vor Gosch sind alle gleich
aus: Andreas Odenwald: „Sylt.
Champagnerluft und
Nordseerausch", 2004, Sanssouci
im Carl Hanser Verlag © Carl
Hanser Verlag GmbH & Co. KG,
München

Corinna Dreyer Vizzi
Ein Kofferraum voller Makrelen
aus: Corinna Dreyer Vizzi: „Bis
gleich an der Milchbar!
Inselgeschichten", 2009,
Wartberg Verlag GmbH & Co.
KG, Gudensberg-Gleichen
© Corinna Dreyer-Vizzi

Rosa Luxemburg
Krewetten
aus: „Sylt. Literarische
Reisewege", 1999, Insel Verlag,
Frankfurt/Main

Emil Nolde
Am Westmeer
Auszug aus: Emil Nolde: „Mein
Leben". Herausgegeben von
Manfred Reuther. Mit einem
Nachwort von Martin Urban
© 2008 DuMont Buchverlag,
Köln, S. 419–422

Fritz J. Raddatz
Ein Wunder namens Sylt
aus: Fritz J. Raddatz: „Mein Sylt",
2006 © 2014 by mareverlag,
Hamburg

Britta Boerdner
Der Blick von unten
Originalbeitrag

Hans-Dieter Reinke
Was kreucht und fleucht denn
da? Originalbeitrag

Ferdinand Avenarius
Schutz für Sylt
aus: „Sylt. Literarische
Reisewege", 1999, Insel Verlag,
Frankfurt/Main

Detlev von Liliencron
Pidder Lüng
aus: „Nebel und Sonne" (Band 3),
1902, Schuster & Loeffler, Berlin
und Leipzig

Andreas Nefzger
Einsame Insel
© Frankfurter Allgemeine
Zeitung GmbH vom 26.7.2013

Thomas Hettche
Die Wilde Jagd
aus: „Die Liebe der Väter",
Roman von Thomas Hettche
© 2010, Verlag Kiepenheuer &
Witsch GmbH & Co. KG, Köln

C.P. Hansen
Der Meermann Ekke Nekkepenn
aus: C.P. Hansen: „Friesische
Sagen und Erzählungen", 2014,
Saga-Verlag, Bremen

Ernst Penzoldt
Sturm
aus: Ernst Penzoldt: „Sommer
auf Sylt", 1992, Insel Verlag,
Frankfurt/Main

Gustav Falke
Thies und Ose, Ballade
aus: „Hohe Sommertage. Neue
Gedichte", 1902, Verlag Alfred
Janssen, Hamburg

Peter Suhrkamp
Die nordfriesische Insel
aus: „Sylt. Literarische
Reisewege", 1999, Insel Verlag,
Frankfurt/Main

Ludwig Harig
Zwischen Sansibar und Samoa
aus: Ludwig Harig: „Spazier-
gänge mit Flaubert", 1997, Carl
Hanser Verlag © Carl Hanser
Verlag GmbH & Co. KG,
München

Sibylle Zehle
Des isch Glück
2007 © Sibylle Zehle

Ernst Penzoldt
Masse Meer
aus: Ernst Penzoldt: „Sommer
auf Sylt", 1992, Insel Verlag,
Frankfurt/Main

Manfred Degen
Abreisetagtrauma
aus: Manfred Degen: „Sylter
Spitzen", 2010 © Ellert & Richter
Verlag GmbH, Hamburg

Fritz J. Raddatz
Wo ich einmal liegen werde
aus: Fritz J. Raddatz: „Mein Sylt",
2006 © 2014 by mareverlag,
Hamburg

Ror Wolf
Spaziergang am Rande des
Meeres
Originalbeitrag

Freddy Langer
Meine Nacht beim Biike-
Brennen
© Frankfurter Allgemeine
Zeitung GmbH vom 28.2.2013

Harausgeber/Autoren

Freddy Langer (geb. 1957) leitet den Reiseteil der *Frankfurter Allgemeinen Zeitung.* Zahlreiche Reisen führten ihn in viele Teile der Welt. Er ist Autor etlicher Reisebücher, vor allem über Amerika. Im Ellert & Richter Verlag sind seine Reiselese-bücher *Alles zu Fuß. Aufbrechen. Grenzen überschreiten, Australien, Grand Canyon und Las Vegas, Grönland, Sahara, Südsee* und *Weitergehen. Auf berühmten Wegen und wunderli-chen Pfaden* erschienen.

Ferdinand Avenarius (1856–1923) war ein deutscher Dichter und Gründer der Zeitschrift *Der Kunstwart.*

Britta Boerdner (geb. 1961) ist eine deutschte Schriftstellerin und „Inselschreiberin auf Sylt" 2015.

Manfred Degen ist ein deutscher Autor und Inselkabarettist auf Sylt.

Corinna Dreyer-Vizzi ist Sylter Kostümbildnerin und entdeckt bei ihren Recherchen als Journalistin und Redakteurin des Sylter Fernsehens unzählige Sylter Geschichten, die sie fest-hält, um sie vor dem Vergessen zu bewahren.

Gustav Falke (1853–1916) war ein deutscher Schriftsteller.

C.P. Hansen (1803–1879), bür-gerlich Christian Peter Hansen, war Lehrer und Chronist der Insel Sylt.

Ludwig Harig (geb. 1927) ist ein deutscher Schriftsteller und literarischer Übersetzer.

Thomas Hettche (geb. 1964) ist ein deutscher Schriftsteller.

A.L. Kennedy (geb. 1965) ist eine britische Schriftstellerin.

Detlev von Liliencron (1844–1909) war ein deutscher Lyriker, Schriftsteller und Bühnenautor.

Rosa Luxemburg (1871–1919) war Politikerin und einflussreiche Vertreterin der europäischen Arbeiterbewegung, des Marxismus, Antimilitarismus und „proletarischen Internationalismus".

Theodor Mügge (1802–1861), deutscher Schriftsteller und Verfasser von Abenteuerromanen.

Andreas Nefzger (geb. 1985) ist Redakteur bei der *Frankfurter Allgemeinen Zeitung.*

Emil Nolde (1867–1956) war Maler des Expressionismus.

Andreas Odenwald (1854–1918) war ein badischer Unternehmer und Politiker.

Ernst Penzoldt (1892–1955) war deutscher Schriftsteller, unter dem Pseudonym „Fritz Fliege" auch Bildhauer, Maler, Zeichner und Karikaturist.

Fritz J. Raddatz (geb. 1931) ist Feuilletonist, Essayist, Biograf und Romancier.

Hans-Dieter Reinke (geb. 1959) ist Biologe und Autor.

Theodor Storm (1817–1888) war ein deutscher Schriftsteller, der als Lyriker und als Autor von Novellen und Prosa des deutschen Realismus mit norddeutscher Prägung bedeutend war.

Gustav Stresemann (1878–1929) war ein deutscher Politiker und Staatsmann der Weimarer Republik.

Benjamin von Stuckrad-Barre (geb. 1975) ist ein deutscher Schriftsteller, Journalist und Moderator.

Peter Suhrkamp (1891–1959), eigentlich Johann Heinrich Suhrkamp, war ein deutscher Verleger und Gründer des Suhrkamp Verlags.

Gondel Wielandt (1895-1964) war Sylter Heimatdichterin.

Ror Wolf (geb. 1932), ursprünglich: Richard Wolf, Pseudonym: Raoul Tranchirer, ist ein deutscher Schriftsteller und Künstler.

Sibylle Zehle (geb. 1947) ist eine deutsche Autorin und war Redakteurin der *Stuttarter Zeitung* und der *Zeit.*

Impressum

**Bibliografische Information
der Deutschen Bibliothek**
Die Deutsche Bibliothek
verzeichnet diese Publikation
in der Deutschen National-
bibliografie; detaillierte bibliografische Daten sind im Internet
über http://dnb.ddb.de abrufbar.

ISBN 978-3-8319-0605-5

© Ellert & Richter Verlag
GmbH, Hamburg 2015

Textauswahl: Freddy Langer,
Frankfurt
Redaktion: Sophie Torp,
Hamburg
Gestaltung: BrücknerAping Büro
für Gestaltung GbR, Bremen
Gesamtherstellung: CPI books
GmbH, Leck

Der Titel zeigt Dünenlandschaft
am Ellenbogen/Sylt. Die Rechte
des Bildes liegen bei huber-
images.de/Gräfenhain.